ながら起業

明日クビになっても大丈夫な働き方

小野 ONO RI

幻冬舎 MC

はじめに

もし明日クビを宣告されたらどうしますか？

失業する準備はできているでしょうか。

「いや、日本ではふつう正社員がクビになることはない」――こんな反論が聞こえてきそうです。しかし、政府は正社員を解雇できる法案を通そうとすでに議論を始めているので、それが現実になったら日本企業はいつでも社員のクビを切れるようになります。非生産的な働き方をしていたら、たちまち解雇の対象になってしまうのです。

周りを見渡してみてください。本当は早く帰れるのにダラダラと仕事をして残業するような残業代泥棒や、決められたことしかしないマニュアル人間はいませんか。今後、そんな非生産的な働き方を続け、勤め先にしがみつき続けるだけのビジネスパーソンにとって前途多難です。一寸先は失業、となる時代は目前に迫っています。

冒頭からずいぶん強い言い方をしましたが、その背景には私が中国で生まれ育ったことがあります。近年の中国ではアメリカのように突然クビになるのは珍しいことではなく、生産性の低い人間は次々脱落していきます。アリババやテンセントのようなグローバル企業ならなおさらです。

ただし、中国人は万が一クビになったとしても、あまり悲観はしません。起業の道を選ぶ人が日本に比べて圧倒的に多いからです。

中国では、２０１７年は６０７万社を超える企業が設立されました。対して、２０１７年に日本で設立された企業は13万１９８１社。人口の差が約13倍あるとはいえ、中国では日本の40倍以上も起業が多いのです。

加えて中国は、20代の若者でもためらいなくビジネスを始めます。それは会社員でいることだけが人生ではないと考えているからです。人口が多いこともあり、生き残るのに必死なのです。

日本の企業は、今でも年功序列、終身雇用の企業が多く、なかなかそこまでの危機感は生まれないでしょう。しかし、安定した環境は、人から成長を奪うことにもなります。

私は、日本の会社で働くうちに、日本のビジネスパーソンは会社にしがみついている、いわば「しがみつき社員だ」と感じるようになりました。

社内で群れて生活し言われるがままに動く。自分の頭で考えて行動しようとしない。満員電車に揉まれても無言で、憂鬱そうな表情で会社に向かう――。

人生100年時代と言われるようになり、今までよりも働いている年数が長くなります。その間、ずっと生ける屍のように生きていくつもりなのか。そんなことを考えてしまいます。

「こんなことを言ったら上司に嫌がられる」「理不尽なルールだけど従おう」と自分にブ

レーキばかりかけていたら、自分の人生を生きていることになりません。「会社のための人生」ではなく、「自分のための人生」を生きてこそ、人間らしく生きられると思うのです。そのためにも、自分自身の働き方改革を起こすべきです。

私は中国の北京大学を卒業後、中国郵政省に勤務し、当時はまだ珍しかったＩＴ技術を使って全国の郵便局ネットワークを築く仕事を手掛けました。その後来日し、日本の大手企業やベンチャー企業でオープン系システムの構築や海外進出ビジネスコンサルティングを担当してきました。今は電気機器業種大手一部上場企業でグローバル事業のシニアマネージャーを務め、中国子会社のＭ＆Ａ統括や全体推進、その他海外事業の推進や事業提携等の業務をこなしています。

中国と日本の両方で長く働いてきたので、日本の良いところも悪いところも客観的な視点で見られるのが、私の強みだと思います。

また、これは私の一つ目の顔で、もう一つの顔は夫が起業したインダストロン株式会社のコンサルタントです。企業に勤めながらの起業「ながら起業」を実践しているのです。

もちろん、起業しなくても副業でもいいでしょう。ただ、いつクビになっても大丈夫な状態にするためには、別の収入源を確保しておいて、失業した翌日から働けるようにしておくのがいちばんなのです。

会社を辞めて起業すると、失敗したら多大な借金を負う可能性があります。しかし、「ながら起業」なら、慣らし運転のように事業を運営できるので、うまくいかなくても損害は少なく、別の事業に切り替えることもできます。そして、その事業が軌道に乗り、今後も継続できると確信を持てた段階で独立すれば、リスクを最小限に抑えられるでしょう。そのまま本業を継続し、定年後に本格的に自分の事業にシフトすることもできます。

慎重な日本人には、この「ながら起業」が適しているのではないでしょうか。

私は「ながら起業」を始めてから、さまざまな効果を実感しました。「ながら起業」で得た知識やスキルを本業に活かせるので仕事の幅が広がりますし、精神的にも本業だけに頼っているより、余裕が生まれます。逆に、「ながら起業」の事業にも本業で得たスキルや知識、人脈を活かせるので、相乗効果があるのです。

何より、「ながら起業」をすると「雇われ人根性」から抜け出せます。しがみつき社員になるのは、企業に雇ってもらっているという受け身の姿勢だからでしょう。そういう意識である限り、起業してもうまくいきません。

自分が会社を経営するという意識を持てるようになれば、自立した生き方ができるようになります。「ながら起業」はお金の不安をなくすだけでなく、自分らしい生き方を取り戻すためにも最善の手段なのです。

本書では、私が実践してきた「ながら起業」の方法をご紹介しますが、同時に意識改革の仕方についてもお話しします。この本がしがみつき社員から抜け出して魂を取り戻し、毎日自由にいきいきと働く人生を手に入れるための手助けになれば幸いです。

ながら起業　明日クビになっても大丈夫な働き方　目次

［第1章］

安月給、しがみつき……
日本で会社員でいることの限界

マニュアルに縛られて世界に遅れをとる日本

私が初めて日本のビジネスマンと仕事をしたのは、今から25年ぐらい前です。

当時、私は中華人民共和国の郵政省で国家公務員として、全国の郵便局ネットワークを構築する仕事をしていました。その中で、日本企業と組んでプロジェクトを進めることになったのです。

日本のビジネスマンと仕事をしてまず驚いたのは、2週間ごとに担当者が次々と交代することでした。新しく来た担当者は、いきなりプロジェクトの担当になったにもかかわらず、困っている様子もなく前任者の後を引き継いで作業を進めていくのです。そして2週間後にまた別の担当者が来て交代します。不思議なことに、途中でキーマンとなる人が抜けても現場はまったく混乱しません。

なぜ、そんなことが可能なのでしょうか。観察しているうちに、詳細が書かれたマニュアルを全員で共有しているから、作業が属人化していないことに気づきました。そのマニュアルさえ読めば担当者が交代しても混乱しないようになっていたのです。

また、そのプロジェクトは大小多くの企業が関わっていたのですが、すべての企業が足並みそろえて進められるのも、私から見るとあり得ないことでした。毎朝、朝礼で各企業が担当している作業を今日はどこまで進めるのか話し合い、夕方にその日の進捗状況を報告し合うという体制が整っていたのです。

これがもし中国なら、作業を勝手に進める企業もあれば、サボる企業もあったりして、てんでばらばらになっていたでしょう。プロジェクトは頓挫していたかもしれません。

これらの仕組みに驚きつつも、当時の日本は技術力も情報量も中国よりはるかに優れていたので、私は日本で働いてみたいという思いが次第に強くなっていきました。そして、1998年に日本のIT系の企業に就職するために来日したのです。

私は合理的で実力主義のイメージのある日本の企業で最先端の技術や管理の知識を学びつつ、世界で活躍できる人材になりたいと意気込んでいました。ところが、働くうちに、日本企業は自分たちの作ったマニュアル体制によって、世界から遅れをとっていることを感じるようになったのです。

確かに、日本企業のマニュアルやシステムは、担当者が代わっても、キーマンがいなくても、海外で作業を滞りなく進められるほど優れています。日本人のマニュアルやシステムを作り出す能力は、世界でもトップレベルでしょう。

一方で、日本人は一度作ったマニュアルやシステムを変えることを、不思議なぐらいに避けようとします。それが時流に合っていないと分かっていても、変えようとしない傾向があるのです。

マニュアルを作るのはいいですが、マニュアルに縛られすぎて行動を制限されても、何も疑問を感じない。こういう人は中国語で言うところの「機器人（ロボット）人間」になっているのだと、私は思います。

さらに言うなら、たとえマニュアルがなくても、「見えないマニュアル」に従う人間になっている人も大勢います。

上司から言われたことに従い、「前例がないことはしない」「この業界では当たり前で、うちの会社も長年それで問題なくやってきているから」と理由を付けてひたすら今までのやり方を踏襲する。これでは、マニュアルに従っているのと変わりはありません。

この「マニュアル思考」が、日本が世界で勝てなくなっている原因の一つではないでしょうか。今は世界の変化は速く、2、3年で古いサービスは新しいサービスに取って代わられます。変化を恐れていたら、時代の流れに取り残されてしまうのです。


機器人人間はあらゆるところに生息しています。

日本では基本的に一般社員に決定権は与えられていないので、一日の仕事が終わったら日報を書いて報告し、上司のゴーサインが出るまでは次のステップに進めません。いわゆるホウレンソウ（報・連・相）が徹底されているのですが、「中国ではこうはいかないな」と感心する一方で、報告業務に時間を取られすぎなのでは、とも感じます。

そのような体制が整っているからなのか、上司から指示をしない限り、行動を起こさない人もいます。そういう人を「指示待ち人間」と呼ぶのだと、私は日本に来て初めて知りました。指示待ちタイプの人は、自分の頭で考えることができず、「次は何をすればいいんですか」「これはどうすればいいんですか」と一つひとつ上司に確認します。これも見えないマニュアルに従っているのと同じです。

昔の中国の公務員は働かなくても給料が同じという理由で、指示をされてもやったフリや無視をする人が多かったのですが、日本人はむしろ仕事に対してマジメに取り組んでいます。それでも生産性が高い働き方をしているように感じません。

確かに、勝手に判断して行動した場合、上司に「なぜ相談しなかった」と怒られることもあります。しかし、言われた仕事しかしないと仕事の幅がいつまで経っても広がらず、成長できないでしょう。

私が見ている限り、機器人人間になっている人はまったく自覚がないので、成長が止まっていることにも気づいていないように感じます。

目的や必要のない残業は「残業代泥棒」

日本の会社員は残業する人が多い、というのは中国でも昔からよく知られていました。

実際に日本に来て働き始めたとき、定時に帰る人がほとんどいないのを見て、「なるほど」と実感しましたが、驚いたのはその後です。

あるとき、当時の同僚社員との雑談の中で、彼は「私の毎月の残業代は本給より高い」と自慢していました。日本人に「残業代で稼ぐ」という意識が根付いているというのは大変な驚きでした。

今は大企業を中心に働き方改革を実践するようになり、定時で帰ることが促されるようになってきましたが、仕事を自宅に持ち帰っている人も多いのが現状です。「残業代で稼ぐ」人たちにとっては、記録に残らない残業が増え、一層厳しい時代になったといえます。

最近の中国は民間企業が急激に成長し、朝9時から夜9時まで、週6日働く「９９６」という言葉が生まれるぐらい、激務をこなすビジネスマンが増えています。日本のバブル期までと同じぐらいに激しい労働環境で、心身に不調を来す人も続出しているのです。

ただし、それには成果を出せば若くても出世でき、高額の給料をもらえるからという理由があります。中国は転職しながらのキャリアアップは珍しくないので、若いうちにあちこちの企業を渡り歩いて激務をこなしながら経験を積み、資金を貯めてゆくゆくは自分で起業しようと考えている若者が珍しくありません。つまり、目的があって残業しているということです。

日本の企業では、そのような目的を持って残業をしている人は少数派ではないでしょうか。

仕事量が多くて連日残業している人もいますが、日中ダラダラと仕事をしていて残業する人も少なくありません。私は、こういう人を見ると、「残業代泥棒だな」と感じます。

残業代のためだとしても、本当は残業しなくても済むような仕事で時間をムダにするのが私には理解できません。それなら定時で上がって、空いた時間に副業をしたり、資格を取るために勉強したりしたほうが、有意義に時間を使えるのではないでしょうか。

たとえマニュアル人間や残業代泥棒と言われても、バブル期までの右肩上がりで出世できる時代なら、それなりのポストには就けたのかもしれません。

しかし、時代はどんどん変化しています。内閣府の調査によると、この5年で40代は5年前に比べると役職比率が下がり、給与も下がっているそうです。従業員100人以上の企業で課長級の比率は、40~44歳は12・3%から10・4%、45~49歳は15・5%から14・7%へと減っています。部長級の比率の場合、40~44歳は2・1%から1・9%、45~49

歳は5・7％から4・1％へと、やはりジワリと減っています（内閣府2018年6月「今週の指標」）。

40代はバブル期入社世代で社員の数が多いのに、ポストの数は以前より少なくなっているので、役職に就ける人はほんの一握りになっているのです。そして、上の世代が役職に就いたままであれば、20代、30代に出世のチャンスが巡ってくる可能性も低くなると考えられます。

つまり、相当頑張って成果を出さないと、平社員のまま定年を迎える確率が高くなるということです。

そのうえ、家庭を持ったら生活費や子供の教育費などでお金はかかりますし、両親が高齢になったら介護でお金はかかり、自分自身も年齢とともに病院のお世話になるかもしれません。頼みの綱の年金は当てにならないということは、皆さんも分かっているでしょう。今の給料のままで、老後まで生き抜けるのでしょうか。

今は人生100年時代と言われ、定年は70歳どころか、いずれ80歳になるかもしれません。その間、ずっとダラダラと残業して、ボーッと生きていていいのでしょうか？

自分自身が人生の主役にならなければ、生きている実感を持てないまま人生を終えることになります。そのときになってから後悔しても、なんにもなりません。

今、自分の人生を取り戻すしかないのです。

気づかぬうちに自らなりつつある〝しがみつき社員〟

「うちの会社はこういうものだ」と諦めて、本当は無駄だと分かっても従順に従っている。私はこういう人を「しがみつき社員」と呼んでいます。前述したマニュアル人間や、残業代泥棒もしがみつき社員です。

つまり、何か不満を持っていても、現状を変えようと行動せずに従っているなど、会社のルールや慣習に強くしがみついて離れまいとする人たちのことです。長いわりに結論が出ず、発言の機会はほとんどないという会議に不満を持つ若手社員などがその典型例といえるでしょう。

しがみつき社員になるのは、日本の会社に規則や慣習が多いからでしょう。

すべて規則や慣習に従って行動しなければならず、従っていればたとえ間違っていても責任を問われません。それなら規則や慣習の枠からはみ出さずに、無条件で従うほうが楽です。

そのうえ、規則や慣習の枠を超えて行動する人は「あの人は変わっている」と後ろ指を指されて〝常識なしグループ〟に分類されてしまい、仲間外れにされます。多くの日本人はそのグループに分類されたくないので、〝常識ありグループ〟に入ろうと必死になっているように感じます。

日本は社会的なルールや法律法制、インフラなどはよく整備されていますが、子供の頃から〝常識ありグループ〟に入るよう教育するので、窮屈な国になっているのではないでしょうか。しがみつき人間、しがみつき社員を量産する「しがみつき国」になっているのかもしれません。

そして私がもっとも危惧しているのは、若い世代が次々にしがみつき社員になっていく現状です。

入社したばかりの頃は、どの若者も「こんな仕事をしたい」「将来はこうなりたい」と夢を語ります。それぞれに個性があって、上司に「どうしてこの作業をしなくてはならないのですか?」と疑問をぶつける元気もあります。

ところが、数年後にはみんな個性も夢もなくなり、話している内容も使う言葉も、社内の年長者と同じになっていきます。メールも誰が書いても同じ文面になりますし、会議での発言も同じになるのです。

これは出る杭を徹底的に叩いて均一化してしまう、日本独特の風潮が原因でしょう。若者がどんなに理不尽な規則や慣習を変えようとしても、ベテラン社員が動いてくれなければ、無力感を抱いて何もチャレンジしなくなります。やがておかしいことをおかしいと思う感覚がマヒして思考停止してしまい、しがみつき社員になってしまうのです。

皆さんも、気がつかないうちにしがみつき社員になっていないでしょうか。

最近、日本の若者でＧＡＦＡ（Google, Apple, Facebook, Amazonの頭文字を取った言葉）に転職する人が増えています。新卒で日本の大手企業に就職し、仕事に恵まれ、それなりにいい給料をもらっていても、将来性を感じないという理由で転職するのだそうです。そういう人たちはしがみつき社員になる前に抜け出せたのかもしれません。

もっとも、転職しなくても意識を変えるだけでしがみつき社員から脱することはできます。社内の規則や慣習を簡単に変えられないとしても、疑問を持ち続けることは大事です。

百歩譲って、もし皆さんが今の会社で定年まで働き続けられるのなら、しがみつき社員のままでもいいかもしれませんが、それでは人間としての自尊心が失われかねません。

バブル崩壊後に証券会社や銀行が次々と倒産し再編が進んだように、どの業界も5年後、10年後に何が起きるのかは分かりません。私は、一人ひとりが自尊心を取り戻してほしいと思います。

いつの時代も生き残っていけるのは臨機応変に対応できる人です。そのためには思考停止に陥らず、会社に寄りかからずに生きていける能力を養っておく必要があると思います。

もし皆さんがしがみつき社員になっているのなら、一刻も早くその状態から脱出するようにお勧めします。

日本企業は〝しがみつき社員〟を世界に輸出してしまっている

日本のビジネスマンは、なぜ海外では通用しないのか。

よく議論されていますが、IT業界に限って言うなら、そもそも日本のビジネスマンは海外でビジネスをしていません。だから、海外で通用する・しない以前の話かと思います。

IT業界では、中国やインドに進出してもそこで日本向けの製品を作っている場合が多いのです。

ITソフトウェアの企業の場合、ほとんどがオフショアリング（企業が開発業務の一部または全部を海外に移管・委託すること）です。上流工程では日本のSE（システムエンジニア）を使って要件定義、設計、開発をしますが、下流工程のコーディング、テストは人件費が安い中国や東南アジアなどの開発拠点に任せています。

現地の管理も日本でのやり方を通すので、海外のビジネスのノウハウを学ぶ必要はありません。現地の日本人の管理者は毎週本社に報告するための資料を作るのが主な業務で、現地の社員と話すときは通訳を使い、3～4年間駐在しても、現地の言葉を習得することもなく、日本に帰国するという具合です。

これは日本の商習慣にしがみついている企業が、日本の生活スタイルにしがみついている社員を海外に輸出しているだけなので、グローバル化の要素は一切ありません。せっかく海外で生活するチャンスに恵まれたのなら、日本人村から一歩外に出て現地の人と触れ合ったほうが、今後の人生には必ず役に立つのではないかと思います。

そのような状況なので、ＩＴ業界はグローバル企業の最先端というイメージがあるかもしれませんが、実際は大企業でも世界的に見れば成功しているとは言えません。少なくとも中国では成功していない、とはっきり言えるでしょう。今まではそれでもやってこられたかもしれませんが、今は中国やインドの人件費も高くなってきて、日本人の人件費のほうが安くなっていると言われています。

もし日本で日本国内でしか流通しない製品を作るようになったら、それこそガラパゴス化がさらに進むだけなので、あまり将来性のある業界のように感じません。

もちろん、現地で日本製の製品を販売したり、お店を開いている企業は、現地に派遣された社員が四苦八苦しながら現地に根付くよう力を尽くしているのだと思います。「ユニクロ」のファーストリテイリングや「無印良品」の良品計画のように、海外で受け入れられている企業も多数あります。そういう企業では、現地の人とコミュニケーションを取りながら受け入れてもらう戦略を立てているので、グローバル化を意識しなくても、自然と外向きの思考になるのでしょう。

日本は少子高齢化が進んでいるので、どの企業も海外に出ていかないとやっていけないのは明白です。

そのためにも「しがみつき体質」から脱却しておかないと、海外に派遣されて何も刺激を受けないまま帰国することになるのではないでしょうか。それは無難な生き方かもしれませんが、人間性の豊かな味のある人間にはなれません。

日本の企業にはチャンスが少ない

日本にいると外国人にも「しがみつき思考」が染み付いてしまうのか、と思った経験があります。

私の勤めている企業で、外国から来た女性社員がこっそり残業をしていることが判明しました。

前述したように日本人は残業を好みますが、働き方改革の関係で大企業は残業にかなり厳しくなってきています。それでも月40時間までの残業は認められているので、毎月上限の時間を彼女は申請していました。

しかし、彼女が担当している業務はどう考えても残業しなくてもできる仕事です。しかも、彼女が遅くまで残っている姿を誰も見たことがない。調べてみると、彼女は始業時間より2時間も前に会社に来ていたのです。彼女以外は誰も会社にいないので、彼女が本当に仕事をしているのかどうかも分からない状況でした。「こういう残業代泥棒もあるのだな」と驚きました。

彼女は私以上に長く日本の企業に勤めているので、日本企業の悪いところが体に染みついてしまったのかもしれません。外国人は決められた時間内で仕事をし、なるべく残業しないのが一般的なので、珍しいケースだと思いました。

けれども、同時に彼女がなぜそんなことをしているのかも、私には分かります。

彼女は何カ国語も話せるほど語学は堪能なのですが、任される仕事はアシスタント的な仕事ばかりです。それだと仕事にやりがいを感じられず、「お金さえ稼げればいい」という発想になっても仕方ないでしょう。

日本では外国人の能力を評価せずに実力よりも低レベルの仕事を任せるので、外国人は失望して外資系の企業に移るという話は珍しくありません。対外国人だけの話ではなく、女性や若い人の中にも性別や年齢を理由に同じ待遇を受けている人は大勢います。

かくいう私も、中国人でありなおかつ女性だからという理由で、これ以上の出世の道はないと、会社でハッキリと言われたことがあります。会社で実績を築いていても、中国人女性だからという理由だけで裁量権のある幹部にはなれないというのです。

確かに、最近は日本でもＣＥＯに外国人が登用されるケースが増えていますが、それはあくまでも白人男性。欧米では実力さえあればアジア系の男性でも女性でも企業の幹部になれるので、大違いだと感じました。

私は自分から「この事業を私に任せてください」と手を挙げるのですが、同じく中国人女性だからという理由で任せてもらえないこともありました。実力が伴っていないからダメだというのなら分かるのですが、人種と性別を理由にされたらどうしようもありません。

長年にわたってこうしたことが積み重なるにつれ、私は徐々に会社の中だけの世界に行き詰まりを感じるようになり、外の世界に目を向けなければと思うようになりました。

客観的に見ても、海外に比べると日本の女性の社会進出は遅れていると思います。かといって、社会の構造を変えるのはそう簡単ではありません。皆さんの中でももし今いる会社で昇進が頭打ちになったと感じている方がいたら、会社以外にもやりがいを見つけたほうがいいのではないでしょうか。

結局、自分の身は自分で守るしかないと思うのです。

「転職でリセット」「定年後はバラ色」の考えは危険

海外では転職は気軽にできますが、日本ではまだそこまでにはなっていません。

確かに、若い世代を中心に転職という選択肢がメジャーになりつつありますが、「今の会社で働き続けるのはツラいけれど、転職は怖い」と考えている人は、いまだ大勢いるのではないでしょうか。

私は日本に来てからも経験を積むために4社で勤めてきましたが、それ以上転職するのは難しいと主人から言われました。日本では一つの会社で10年、20年勤めるのが当たり前なので、5、6年で転職するのはかえってマイナスになると、そのとき初めて知りました。

しかも、30代後半になってからの転職はなお難しいと聞き、「経験を積んでいる世代がいちばん市場で求められているはずなのになぜ？」と不思議に思いました。

転職回数が3社以上になると「転職が多すぎるのは、性格に問題があるのでは？」「すぐにうちの会社も辞めてしまうかも」と思われて採用されないといいます。転職回数よりもその人が今までの会社で何をしてきたかが重要だと思うのですが、終身雇用の弊害がまだ根強く残っているのだと感じます。

だからといって、転職したら今までの生活がすべてリセットできるわけではありません。

私も4社勤めてみて感じたのは、どこの企業でも日本ならではの慣習や独特の文化、暗黙のルールなどがあり、それほど状況は変わりません。女性だから出世は難しいというのはどこの企業でも同じでしょうし、20代、30代が役員になることは日本の企業ではほぼあり得ないと思います。外資系企業や若手が経営しているベンチャー企業に転職しない限り、今の状況をリセットできないでしょう。

今の企業では身に付けられないスキルを身に付けたい、将来独立するための勉強をしたい、といったポジティブな理由があるのなら転職すべきですが、今の会社にそれほど不満がないのなら、そのまま定年まで勤めるほうが安泰なのかもしれません。

とはいえ、定年後にバラ色の人生が待っているとは限りません。

定年までずっと会社にしがみついて生きてきたビジネスマンが、定年後に何もすることがなくて途方に暮れるという話をよく聞きます。

「定年退職したら好きなだけ旅行に行こう」「毎日、趣味に没頭しよう」と思っていても、たいていそういう生活は半年も経たないうちに飽きてしまいます。日本人は基本的に働くのが好きで、働くことにいちばん生きがいを感じるのではないでしょうか。日本人の勤勉さは世界一だと思います。

そのため、定年後に再雇用制度などを利用して、再び会社勤めを始める方も多いようです。しかし現役のように働けるわけではなく給料もかなり減るので、満足できないという話もよく聞きます。会社員生活の最後がそんな感じでは、あまりにも寂しいと感じます。

今の会社に定年まで勤めていてもいいと思いますが、会社や仕事にしがみついているのなら、その思考は早めにリセットすべきです。与えられた環境で与えられた仕事をしているだけでは、どうしてもしがみつき思考になります。

例えば、ガーデニングが趣味なら、農業に取り組むのも一つの方法です。市民農園を借りて野菜をつくってみて、うまくいったら規模を広げて野菜を販売するのです。仲間と一緒にやってみるのもいいでしょう。

会社以外の別の居場所を見つけるということは「別の生き方」を見つけることにもなります。人生の選択肢は一つではありません。選択肢が多いほうがより豊かな人生を送れますし、自分の可能性も広がります。

毎日、会社と自宅の往復にウンザリしているのなら、生き方の選択肢を増やしてみてはいかがでしょうか。

コラム①　日本は「公私」、中国は「私公」

日本と中国では、仕事での信頼関係の築き方がまったく違います。

これから中国に進出する企業もあるでしょうから、参考までにご紹介します。

日本では名刺交換をして、最初は軽く顔合わせをするところから始まり、仕事を一緒に長く続けていくうちに親しくなり、プライベートでも会うようになる、というパターンが大半だと思います。プライベートでゴルフや食事をするにしても、接待の要素が大きいのではないでしょうか。

中国では、まず食事をしながら雑談をして、親しくなってから仕事の話をするという順番です。個人的な信頼関係を築いてから初めて「一緒に仕事をしましょう」という話になるのであり、仕事の話から入るというのは基本的にありません。日本は「公」から入りますが、中国は「私」、つまり個人対個人の付き合いから入るのです。

ですので「この人とは付き合いたくないな」と思ったら、仕事の話に発展しません。

それはビジネスに限らず、政治の世界でも同じです。

日本では相手が気に入らなかったとしてもビジネスなら割り切って交流するでしょうが、中国ではそういうことはほとんどないでしょう。ビジネスライクな関係はなく、人間的な関係しかないと言えます。

ビジネスで何かトラブルが起きたときも会議で話し合って解決するのではなく、個人対個人で腹を割って話さないと解決できません。

その代わり一度信頼関係を築けたら、日本人より情が深いのであれこれ世話を焼いてくれたりします。

「中国人は信用できない」というネガティブなイメージが強いのですが、信頼できる中国人も大勢いますので、扉を完全に閉ざさないでほしいと思います。

［第2章］

今の日本の社会風土では、人生100年時代を生き抜けない……明日クビになる準備できていますか？

中国より日本企業のほうが社会主義

第1章で触れたように、私は日本の会社でさまざまなカルチャーショックを受けたものの、実際に驚いたことはほとんどありませんでした。

なぜなら、中国の国有企業にも同じような制度や慣習が存在していたからです。年功序列や終身雇用は、90年代まで中国ではほとんどが国有企業だったので当たり前でした。日本は資本主義の国なので、欧米のように若くても実力があればどんどん出世できて、実力のない人はアメリカのようにクビを切られるのかと思っていたのです。

実際は、一度正社員になると仕事ができなくても窓際社員扱いになったり、左遷されたりするぐらいなので、やる気や実力のない社員にはとてもありがたい環境だと感じました。

年功序列や終身雇用、定年制度は、高度経済成長期に企業が労働力を確保するために定着させた制度で、当時の時代の産物です。バブル崩壊まではうまく機能していたので、これらの制度自体が悪いわけではないでしょう。

右肩上がりの将来を約束されていたから連日徹夜のような激務でも耐え、上司から理不尽な要求をされても歯を食いしばり、一致団結して企業の発展に尽力してきたのです。ローンを組んでマイホームを買えたのも、長期間働くほど給料が増えていくという前提があったから。結婚して、女性が専業主婦として家庭に入ったのも、夫の収入だけで十分にやっていけたからです。

それが、バブル崩壊とともに企業は社員の将来を保障できなくなりました。

私が日本に移り住んだ頃はリストラの嵐がまだ吹き荒れていて、日本長期信用銀行、日本債券信用銀行が相次いで破綻した時期でした。

バブル崩壊後に導入されるようになったのが、能力や会社への貢献度によって賃金や役職が決まる成果主義制度です。年齢や勤続年数に関係なく、仕事の成果によって昇進・昇給するという仕組みのはずでした。

成果主義を導入する企業が相次ぎ、日本も欧米のような実力主義にシフトしていくのかと思っていたのですが、肝心の「実力や成果」を定義付けしたのは年功序列や終身雇用の恩恵を受けている世代でした。果たしてこの人たちに、自分たちが排除されるような成果主義制度が作り出せるのでしょうか？　結果として、企業を救済する特効薬のはずが毒薬になってしまったのです。

自分の成果を横取りされては困ると上司が部下に仕事を教えなくなり、気に入らない部下の評価は不当に低くしたりして、日本企業の財産でもあったチームワークが崩壊してしまいました。

成果主義はそれまで仕事ができなくても威張り散らしていたベテラン社員たちにとっては脅威です。結局、年功序列や終身雇用が残った成果主義になってしまい、社会主義的な体質は変わらないままでした。純粋な成果主義を諦めたのは、会社が50代以上の高度経済成長期やバブル期に身を粉にして働いてきた世代を切り捨てないための、一種の救済措置のようなものかもしれません。

それ以降、日本の企業はこれといった解決策を見いだせずに、ずっと迷走しているように感じます。年功序列、終身雇用、定年制度は時代にそぐわなくなっているのに、抜本的な改革ができている企業は少ないのではないでしょうか。

中国では今から40年前に改革開放政策が打ち出され、市場経済へ移行していきました。

今でも大企業は国有企業が多いのですが、「はじめに」でご紹介したように年間で６００万社以上の企業が設立されていて、中小レベルの民間企業も活発です。

私は数カ月ごとに仕事の関係で中国に帰っているのですが、行くたびに変化があって驚いています。

まず、年功序列や終身雇用があっという間になくなったこと。

20代や30代でも優秀であれば短期間で出世できますし、30代後半で社長になるのも珍しくありません。一方で、女性も男性も関係なく、能力だけが評価の対象になるので、仕事ができなければすぐにクビになります。

私がM&Aの交渉をするために中国の企業を訪れたとき、テーブルの向こう側に座っているのはみんな女性だったりします。主要幹部から若手社員までみな20～40代の女性で、臆することなく自分たちの意見を主張してきます。

私の両隣に座っている日本の50代以上の男性たちはすっかり気圧されてしまって、「交渉は小野さんに任せるよ」と逃げ腰になっていたぐらいです。

日本は戦後の焼け野原から奇跡の経済大国を築き上げました。今の中国も同じです。

何事もゼロの状態から50、60の状態まで築き上げるのは勢いで行けます。しかし、50、60からさらに上を目指すのは難しくなります。中国はゼロの状態だったから、50、60の状態まで一気に行けたのでしょう。

日本は70、80まで到達しても、そこから先の成長が難しくなって、今は好調時と不調時のギャップ、低成長のジレンマにあえいでいる状態だと思います。

高度経済成長期からバブル期が終わるまでの約40年間に得た成功体験を簡単には忘れられず、なおかつバブル崩壊のような大失敗を繰り返したくないので保守的になり、変化できなくなっているのでしょう。

中国では「流水不腐、户枢不蠹」ということわざがあります。直訳すると流水は腐らず、戸の軸は虫に食われないという意味で、事物は常に変化・活動していれば腐りにくいという意味で使われます。

日本の企業は変化しないから水が流れない＝退化しているのではないでしょうか。変えたくても組織が硬直化してしまって、変えられないのです。

人材もそうです。「わが社の定着率は高い」と自慢する会社もありますが、定着率が高いのは良いこととは限りません。

優秀な人材がずっととどまってくれるのなら、その企業は発展を続けられるでしょう。しかし、日本の若者でも、優秀な人材はすでに日本の企業を見限って外資系企業に転職しています。仕事ができない社員をやめさせたくて早期退職制度を実施しても、優秀な社員から抜けていってしまうという話もよく聞きます。結局、よどんだ水に残るのはその水に合った人間だけなのです。

さらに、今日本には世界の熾烈な競争の波が来ています。海外のエリートに選ばれる企業になれなければ、生き残っていけなくなる時代はそう遠くありません。

例えば、経団連は日本と韓国にしかない新卒一括採用をなくそうと動いています。これは、海外の優秀な学生を雇うためには、4月に一斉に入社するという制度が邪魔になってきたからでしょう。海外の学校は5月か6月に卒業するところが多いので、次の4月まで待っていられないというわけです。大学側は新卒一括採用ルールをなくすのを拒んでいますが、いずれルールをなくすしかなくなるのだろうと思います。

日本の企業はよどんだ水を流す時機に来ているといえます。

100%で走り始める日本人、60%で走り始める中国人

私が日本に来て一番感じているのは、日本は100%完璧にしてからでないとスタートしないということです。

中国は60%できたら、とにかく営業を開始してしまいます。

例えば、中国の新幹線はホームにまだ階段しかなく、エスカレーターとエレベーターができていない状態でも、運行を開始します。乗客は大きな荷物を抱えて階段を上ったり下りたりしなければならないのですが、誰も文句一つ言いません。それが普通だからです。

当時、私が会社の人たちと中国に出張したとき、「エレベーターはどこだ?」「まだ工事中?　信じられない」と口々に不平を言われました。

私が「大丈夫です、2カ月後にはできていますから」と答えると、目を丸くしていました。日本人の感覚では、運行を開始する日までにエスカレーターもエレベーターもすべてできていないといけないのでしょうが、中国では段階的に仕上げていけば問題ないという感覚なのです。その代わり、日本よりも開通するまでの時間は短いでしょう。

スピードを取るか、完璧さを取るか。

両立させるのが理想的ですが、現実的に難しいのなら、中国ではスピードを取ります。そのせいで高速鉄道の脱線事故のような大きな事故も起きてしまうのですが、リスクを取って、何かが起きたら改善しながら100％にしていけばいいという発想なのです。

それも極端ではあるので、私は日本と中国の中間くらいがいいのではと思います。

完璧さを求める日本人は、企画が出た段階で「これは、こんなリスクがあるのでは？」「これだとうまくいかない」とネガティブな意見ばかりを言い合い、なかなかスタートさせようとしません。データをそろえるための調査に膨大な時間をかけ、丁寧に資料を作り、あちこちの部署に根回しをしてすべての部署の合意を取る。そしてようやくプロジェクトをスタートさせた段階で、すでに他国はそのプロジェクトを成功させていたりします。

今の時代は、ビジネスでも鮮度が命でしょう。

とにかく市場に出してみて、反応が悪ければ撤退すればいいだけで、マーケティングに時間をかけても必ずしも成功するとは限りません。失敗を恐れているのかもしれませんが、出遅れるのも失敗ですし、他国にビジネスチャンスを奪われるのも大きな損失です。

とはいえ、製品やサービスの質を落とすとブランド力も落ちてしまうかもしれません。もし日本の製品やサービスが今の品質の水準のまま、スピードが上がったら最強になるでしょう。


ソニーはアップルのｉＰｏｄよりも先に、メモリーウォークマンというインターネットでダウンロードするタイプの音楽プレイヤーを発売していたのは有名な話です。しかし、グループ内に音楽のコンテンツ企業を抱えていたので、著作権の問題でダウンロードできる曲が多くありませんでした。そのやりとりで時間を使っているうちに、アップルに市場を奪われてしまったのです。

つまり、アイデアでは先行していたのに手続きで時間を取られて負けてしまったということです。その損害は計り知れないでしょう。

これはスピード感のなさと組織の硬直化が問題です。「とにかくやってみよう」という思考になれば、日本は再び世界一の経済大国にもなれるはずです。

そのためには、多少の細かいことには目をつぶる寛容さが必要です。

日本では電車の到着が数分遅れただけで駅にクレームが多数届くそうですが、それぐらい目をつぶったほうが気楽に過ごせるのに、と思います。長年にわたり企業が完璧さを求めていくうちに、完璧さを求める消費者を育てていったという面もあるでしょう。

「ほどほど」でいいと思えるようになれば、ビジネスのスピードが上がり、日本はかつてのように経済大国の勢いを取り戻せると思うのです。

日本人は、気づかずに思考力を奪われている

以前、言論プラットフォーム「アゴラ」で興味深い記事を読みました。

広東省・汕頭大学新聞学院で教授をされている加藤隆則さんの記事です。その記事では、学生から送られてきた社会批評の文章を紹介していました。

中国の大都市でミルクティー店が大ヒットして、何時間も並んで待っている。待っている間に、みんな人気のビデオゲームソフトで遊んでいる。その様子を見て、「tittytainment」戦略が成功しているのではないかと思った、という文章です。

「tittytainment」とは「豊富な娯楽」という意味で、「titty（乳首）」と「entertainment（娯楽）」を合わせた造語です。

1995年にゴルバチョフ財団がサンフランシスコで国際会議を開いたとき、「世界の富が2割の人口に集中し、8割の人々は片隅に追いやられている。この現状を放置すれば、格差が深刻な対立に発展してしまう」という議論が行われました。

そのとき、カーター政権で国家安全保障問題担当補佐官を務めたブレジンスキー氏が、「お母さんが赤ちゃんにおっぱい（titty）をあげて黙らせるように、8割の人間には受けのいい娯楽やニュースを与え、徐々に戦いの熱意や欲望、思考能力を奪えばいい」と提唱したのだそうです。そこから「tittytainment」戦略が生まれたと、その記事では紹介されていました（『AI時代のメディア論「豊かな娯楽」への抵抗』）。20年以上前にそんな議論がされていたとは驚きました。

今の日本はどうなっているでしょうか。

お店の行列に並ぶときにスマホをいじるのなんて当たり前。電車の中ではみなスマホでゲームやSNSに夢中になり、歩きながらスマホをいじるほどの中毒ぶりです。若者たちは本を読むどころかテレビすら観なくなって、ネットでユーチューバーの動画に熱狂しています。戦う熱意どころか、政治や経済にはまるで無関心で、選挙にすら行きません。

そして、若者たちは結婚することができないぐらいに給料が安くなり、子供ができても保育園の待機児童問題は一向に解消されず、昇進・昇給のチャンスもほとんどなく、年金もほとんどもらえなくなると分かっているのに、声を上げようとする人はいません。

一方で、大人たちは政治や行政の問題すら、テレビのワイドショーでコメンテーターが当たり障りのないコメントをしているのを観ているだけではないでしょうか。テレビで持ち上げている人は「いい人」、テレビで批判される人は「悪い人」というとらえ方をして、自分の意見を持ちません。

そういう光景を見ていると、日本は世界一「tittytainment」戦略が成功していると思わざるを得ないのです。溢れている情報を消費するだけで精いっぱいで、それ以外のことに意識が回らなくなっています。

日本でも格差が広がっていて、今や日本の子供の7人に1人が貧困状態にあると言われています。それでも危機感がないのは、娯楽やスマホで思考力を奪われてしまっているからではないでしょうか。tittyで口をふさがれていることに気づいていないのです。

これもしがみつき体質に陥ってしまう一つの原因といえます。

しがみつき社員の種をまく日本の義務教育

「しがみつき」の要因は日本の企業体制にあると思いますが、それを増長させている背景には、義務教育のあり方が関係していると考えられます。

中国でもほかの国でも義務教育はあるのですが、日本の義務教育は集団での行動を重視し、過度の協調性を求めるところに、他国よりも強い傾向があるように感じます。

日本は集団主義で、欧米は個人主義だとよく言われています。「最近の日本は個人主義だ」という意見もありますが、私から見るとやはり集団主義です。

日本では目立つ行動をしないことが善とされているので、小学校であまりにも手を挙げすぎると「ほかの子が当たらないから」と釘を刺されたりします。中国ではいちばん手を挙げる子供が褒められるので、大きな違いです。

自分が目立たないだけならともかく、他人の目立つ行動も許さず、互いに監視し合っているような同調圧力を感じます。まるで中国の文化大革命の頃のようです。

私は、「連帯責任」という言葉を日本で初めて知りました。

日本でマンションやアパートを借りようと思っても、連帯保証人が必要だと不動産会社に言われて貸してもらえなかったという話もよく聞きました。

私たち外国人の場合は、すでに就職先が決まっていればその企業が保証人になってくれるのですが、そうでない場合は日本に親戚も友人もいないのなら借りられないのです。保証人がいても、外国人だからという理由で断られることもあります。

なぜ連帯保証人が必要なのかと聞くと、「入居者が何か問題を起こしたら、その保証人が責任を負わなければならない」と説明されて驚きました。

アパートを借りるときだけではなく、金融機関に借金するときも連帯保証人が必要です。もし個人レベルで起業した会社が倒産したら本人だけではなく、連帯保証人に累が及ぶようになっています。

これは世界的に見てもまれなルールです。

一人が悪いとチーム全体、あるいは組織全体を罰する。これでは個人が萎縮してしまい、何もできなくなるのは無理もありません。

これらが顕著なのが日本の部活動だと思います。

最近は幾分かましになってきているとはいえ、例えば高校の野球部で飲酒や喫煙をした選手がいたら、チーム全体で責任を取るために出場を辞退したりすることがあります。問題を起こした選手を罰したら十分だと思うのですが、問題を起こしていない選手まで巻き込まれてしまうのが疑問です。

こういう環境を通して、日本の集団は形作られていくのだろうと思います。

特に体育会系の部活では上下関係がしっかりしていて、それは社会人になってからも続きます。目上の人に対する礼儀や、周りに迷惑をかけないように集団で行動する姿勢は、日本ならではの美徳と言えるでしょう。

中国では学生時代の上下関係はほとんどないので、同じ学校の出身者でも「先輩」「後輩」と呼び合ったりしません。ですので、同じ会社の中で、出身校同士で派閥をつくるような日本の風土は特異に感じました。

部活だけではなく、整列させて「前へならえ」「右向け右」「休め」のような行動を徹底するのも、集団化をより強固にさせているでしょう。運動会の組み体操はその最たる例かもしれません。

中国でも、小学校の頃から軍事訓練があり、毎週国旗敬礼を行うなど、集団行動があります。それは愛国・愛党精神を植え付けるという目的のためです。それでも日本のように「みんなと同じ行動を取らなければ」という思考にならないのは、中国では集団は共産党しかないからです。それ以外では個人で生き残るために必死であり、ほかの人の責任を取るなんて考えられません。

また、一般的に中国人は自分に利益があるかどうかを判断基準にしていて、集団より個人への評価を重視している「利己主義」です。

中国語で「事不関己、高高掛起」という言葉があります。

「自分と関わりがないことには無関心である」という意味です。言い換えれば、自分にとって利益があれば関心を持ちます。

中国ではサッカーやバスケットボールのような集団スポーツがあまり強くないのは、サッカーならすべての選手が自分でゴールを入れようとして、フロントの選手にボールを渡さないからです。ボールを渡してほかの選手が入れたらその人の評価になるので、渡そうとしない。これでは、チームプレイなどできません。

また、監督に言われたことを最初は実行しますが、何回やっても効果がないと、簡単に諦める傾向があります。

だから、中国では卓球やバドミントンのような個人競技が強くて、団体競技は弱いのです。個人競技は勝ったらすべて自分の評価になるので、みな懸命に取り組むというわけです。

もちろん、連帯責任には良い部分もあります。お互いの行動を制約できる反面、チーム全体のまとまりはよくなります。一方で、責任の所在はあいまいになり、みんなと一緒に行動するのでスピードが落ちます。

さらに、集団行動に慣れると、どこに行くのにも集団でなくては不安になるようです。前からよく言われていますが、日本人は海外旅行に行くときに旅行会社が主催するツアーに参加する人が圧倒的に多い傾向があります。

一方、中国人は基本的に集団行動が苦手なので、今は日本政府が中国からの来日個人旅行ビザを解禁しておらず団体旅行が多いですが、今後は個人旅行客が主流になるでしょう。

日本のように子供の頃から集団行動が基本にあると、周りの目をうかがうようになり、自分の意見を言えないようになります。それがしがみつき社員を生む原因になっているのではないでしょうか。

「社長に気に入られる社員になりたい」が子供の夢

しがみつき社員になってしまう背景には、親の姿勢も関係していると感じます。

私の娘が小学校に通っていた頃、10歳で「2分の1成人式」を学校で行うことになり、保護者として参加しました。

その式では、一人ひとりが将来の夢を語る時間がありました。

一人ずつ立ち上がって発言していたのですが、ある男の子は立ち上がると「僕は、将来は社長に気に入られる社員になりたいです！」と堂々と言ったのです。

最初は冗談を言っているのかと思いましたが、周りの大人たちは笑うどころか拍手しているのです。しかも、そんな発言をしたのはその男の子だけではなく、ほかにも5、6人いました。

私は、その子供たちの親御さんの顔を見ました。すると、恥ずかしそうにしているそぶりもなく、満足げな表情だったのです。私は思わず主人と顔を見合わせました。

子供が自発的にそのような夢を持つようになったとは考えられません。

おそらく家庭で親がそう言い聞かせているのでしょう。

それも、「会社員」と答えるのならまだ分かるのですが、「社長に気に入られる」という前提が付く段階で、その子の親は会社でどのように振る舞っているのかが目に見えるようでした。

間違いなく、その親御さんたちはしがみつき社員でしょう。しかも、その思考を子供にまで植え付けているのです。

「子供の頃からしがみつき社員を育てているなんて」と、暗澹《あんたん》たる思いになりました。

アデコは2015年に、「アジアの子供が将来就きたい仕事」という調査をしました。対象は日本の6～15歳の子供たちと、韓国、香港、台湾、シンガポール、タイ、ベトナムの7～14歳の子供たち。

なんと日本の男女総合では、「会社員」が1位。次いで、2位は先生、3位は医者となったのです。会社員がランクイン（しかも1位！）しているのは日本だけでした。

男女別だと、男子の1位は会社員、2位はサッカー選手、3位は公務員。女子は1位がパティシエ、2位は先生、3位は会社員です。

これはいったいどういうことでしょう。

子供たちは「パイロットになりたい」「歌手になりたい」といった、手が届かない夢を語ることが多いものです。そして、一部の人はその夢を実現させるために努力を重ねます。

会社員は手が届かない夢なのでしょうか？　ほかの人以上に努力をしないとなれない職業なのでしょうか？

日本では、子供でさえ自由な夢を見られなくなっているのかと、悲しい気分になります。対して、中国の子供の夢はハッキリしていて、「老板（社長）」です。それも、自分で会社を作りたいと考えるのが一般的です。

パティシエやサッカー選手と比べると、現実的な夢かもしれません。それでも、自分の力で一から切り開きたいという思いは根底にあります。

日本では先が見えなくて将来が不安定な時代だからこそ、安定した職業について苦労してほしくないという親心があるから、子供にもそう言い聞かせているのでしょう。自分は夢を諦めたから、「やりたい仕事をできるなんて、世の中はそんなに甘くないよ」と諭しているのかもしれません。

それは子供の可能性の芽を摘み取っているようなものです。

会社から自立するために

ここまでの話から、しがみつき社員から脱し、会社から自立しなくてはならない時代がすぐそこに迫っているといえるでしょう。

ただ、誤解しないでいただきたいのは、今いる会社で必ずしも努力や出世をしなくてもいいというわけではありません。

むしろ出世を目指すのはいいことだと思います。

一つの会社でそれなりの地位に立てるのは、やはり実力やコミュニケーション力、人脈があるからでしょうし、そういう能力がないと社内出世はできません。今本業で実力を発揮できていない人は、どんな仕事を選んでも同じ結果に終わるのではないでしょうか。

私が勤めている会社でも、上層幹部や役員クラスになると一日中会社のことを考えて動いているので、副業する余裕はなさそうです。本当は、気持ちのうえでは「不動産経営でもやってみたい」と考えているかもしれませんが、実際にはそんな時間はありませんし、リスクのあることをわざわざする必要はないでしょう。

金銭的にも年収が億レベルではないにしても、老後も安泰なほどの収入は得ているので、そういう人は定年まで会社にいたほうが安全です。

ただ、世の中には実力はあってもチャンスやタイミングに恵まれず、会社に評価されない人もいます。

その会社での出世が見込めないなら、転職するか、起業するか、窓際族になってもその会社に残るかのどれかを選ばないといけないでしょう。

若いなら転職もアリです。しかし、日本では年齢が高くなればなるほど転職は難しくなり、転職回数が多いと企業に敬遠されるという風潮もあります。

かといって、いきなり起業するにはリスクが高い。「はじめに」で日本では年間に約13万社が起業するとお話ししましたが、一方で2018年の全国企業倒産は8235件。ベンチャー企業は「千三つ（せんみつ）」という言葉のように、1000社のうち3社しか成功しないと言われています。

起業で失敗すると資金がゼロになるどころか負債を抱えることにもなりかねないので、勢いだけでできるものではないと思います。家庭を持っている方は、なおさら勢いで起業するわけにはいきません。

それなら、40代以降はやはりその会社に残る道を選ぶしかないでしょう。

それでも、残りの会社員人生をずっと腐ったままで生きていくのは、あまりにもつらすぎます。ボランティアや趣味などの生きがいがあるなら、それに打ち込んでもいいでしょう。家族との時間を最優先してもいいかもしれません。

ただ、リストラの対象になる可能性があるので、会社に残ることを選んでも自立しておかないとなりません。

そのためにも次の2点を意識しておきましょう。

・外部の変化を期待するより自分自身を強くする

自立するために自分の本業に精通することは大事です。それは自分自身の市場価値を高めるためでもあります。

たとえ今任されているのが小さな仕事であっても、それを完璧にこなし誠実に取り組んでいれば、自分のスキルは向上し、意外なチャンスが訪れることもあります。以前、私は職場で同僚から英語翻訳の協力を求められ、自分の仕事の範囲外でしたが、プレゼンまで対応してあげました。すると、そのことを知った会社の役員が後日私を、別の海外プロジェクトの責任者に紹介し、大きなプロジェクトを担当することになったのです。

このように、どんな仕事でも別のチャンスにつながる可能性があり、将来自分を助ける武器になると思います。

自分の本業においてこの分野では誰にも負けないという技能があれば、社内では冷遇されていても、社外で求められる可能性もあります。

・自分の本業以外の世界と接点を持つ

日本人は新卒で入社してから、定年まで一つの企業で勤めあげる人も大勢います。それは安定した生活かもしれませんが、自分の会社以外の世界を知らないまま、社会人人生を終えることになります。それが会社にしがみつかなくてはならない原因にもなっているのです。

このように書くと、皆さんの中には「自分は内勤の事務職でなくて外回りの営業職なので当てはまらない。自分たちは社外・異業種の人たちとの交流がなくては仕事が進められない」などと反論をされる方がおられるでしょう。ある程度はその通りかもしれませんが、本業のつながりの中で得られた社外との交流はあくまで限定的なものです。それは、自分の会社の製品やサービスの取引という共通項の下でのつながりであり、相手は皆さん個人ではなく、会社の看板を背負った社員として関係を結んでいるということを自覚する必要があります。果たしてそのような看板を外した自分と今後も同じような付き合いをしてもらえるのかという危機感を常に持っておくべきです。

会社から離れた途端に付き合う人がいなくなった、という状況に陥らないために、自分の本業とはかけ離れた世界の人たちと交流を持つことをお勧めします。それは「ながら起業」や副業を通してでも構いませんし、同業他社との勉強会や異業種交流会に参加してみるのもいいかもしれません。

私はＩＴ関係の企業に勤めていますが、同業他社が集まった国際協会に入っているので、ほかの会社の人との交流があります。日本だけではなく、世界中のさまざまな国のＩＴ業界の人とコミュニケーションを取れるので、話をしていると非常に面白いのです。

国内でも企業によってこんなに仕事の進め方や慣習が違うのかという発見もありますし、中国や韓国の人たちの話を聞いていると、日本以上に進化しているのだと実感して刺激を受けたりします。

このように社外の世界を知ることは自立につながります。

しがみつき社員になってしまうと、そこから抜け出すのは簡単ではありません。会社に勤めていても、会社に依存していなければしがみつき社員にならずにすむでしょう。そのためにはまず、会社から自立することが最善策です。

その自立の選択肢として、第３章からは私が実践する「ながら起業」をご紹介します。

コラム② 日本人は自分が大好き？ ここがヘンだよ、日本の自画自賛

最近、テレビを観ていて感じるのは、日本に住み始めた20年前より、「日本はなんてすばらしい国なんだ！」と自画自賛するような番組が増えていること。

20年ぐらい前は、「ここがヘンだよ日本人」のように外国人から見た日本のおかしな部分を指摘する番組はありましたが、自画自賛する番組はなかったと思います。

それが、いつしか「外国人が驚いたニッポンの魅力」「外国人が大絶賛！　日本の観光名所」「世界が称賛した日本人の行動」のように、日本を褒め称えるような番組ばかり。最近では、海外にロケに行って、外国人が知っている日本人の名前を挙げてもらってランキングを作るような番組もあります。

確かに、日本のおもてなしや伝統文化はすばらしいと思います。茶道や武道のように、日本人の精神性の高さを表わす「道」は、海外でも称賛されていますし、長年日本に住む中国人も、みな日本の良さは認めています。

中国でも中国共産党を褒め称えるようなドラマや映画を作っています。しかし、外国人に中国の良さを語ってもらうような番組はありません。

良い評判は自然に聞こえてくるものなので、相手に言わせるものではないのでは、と思います。現実的には、世界の国の多くは日本にはそれほど興味がなく、アジアの中ではむしろ北朝鮮の動向に注目しているのではないでしょうか。

それにしても、なぜ、ここまで自画自賛番組が増えたのか。

それは、自信のなさの表れかもしれません。

家電業界が衰退したように、日本の技術力の高さは世界一だと思っていたら、いつの間にか世界に取り残されていた現状に、さすがに多くの日本人は気づいています。スマートフォンも中国のファーウェイや韓国のサムスンにシェアを奪われ、日本のメーカーの製品は国内でしか売れていません。

外交でもアメリカや周辺国と対等に渡り合っているとは言えないところがあります。だから、自分たちで自分たちを称賛するようになったのかもしれません。

若者たちがこういった番組を鵜呑みにして「世界中から注目されてるなんて、やっぱり日本はすごい」と思ってしまい、日本の外の世界を見に行く気がしなくなってしまったら、日本の将来にとって損失です。

日本のすばらしさを伝える番組を作るのなら、素直に日本の伝統文化と他国の文化の違いを紹介し、世界に発信する工夫をしたほうがいいのではないでしょうか。日本は自画自賛しなくてもすばらしい国なので、もっと自信を持ってほしいと思います。

中国や韓国のドラマや映画では、日本人を悪者にして描くというのはごく当たり前です。しかし、日本は戦争に負けてもアメリカ人やロシア人を悪者にして描くということはほとんどありません。そういうところも日本のすばらしさなので、日本人の良さは失わないでほしいと思います。

そもそも日本は中国や韓国でもＯＤＡ（政府開発援助）で多大な援助をしてきたので、国際貢献しているのだという点をもっと上手にアピールすれば、日本の美徳は広く伝わるでしょう。

日本人が海外に行ったときに、現地の人から「日本はこういういいところがある」と称賛されるようになれば、それが本当の海外での日本の評価になります。

［第3章］

本業にも相乗効果をもたらす「ながら起業」とは？

「ながら起業」という選択肢

それでは、ここから改めて「ながら起業」についてお話しします。

私が考えた「ながら起業」は、「起業」と「副業」の間の概念のようなものです。本業をしながら別の収入源を得ることを意味しています。

株やFXのような投資で収入を得る方法もあるのでは、と考える方もいるでしょう。しかし、これらの投資を事業として成功させようとすれば、相応の調査、研究に時間を費やす必要があり、さらに何度かの手痛い失敗、という「先行投資」にお金を費やさなければいけません。私も実際にやってみたところ「これは完全にギャンブルであって、業（仕事）ではない」と感じました。事業化するまでにかなりの時間と費用の投入が必要になるため、「ながら起業」としては重すぎるのです。

一方で、「副業」とは初期段階で投入すべき時間と費用がほぼゼロであり、リスクも最小限で始められるもの。自分の持っている時間やスキルなどの経営資源（＝リソース）を、他者の確立した既存のビジネスに提供するだけなので、結果に対する責任を負うこともありません。例えばアルバイトや別の会社で社員として勤務するダブルワーク、クラウドソーシングでのウェブ記事の作成やイラスト、ウェブサイトの作成、メルカリなどで身の回りの物を売って少額のお金を稼ぐような仕事は、一般的な「副業」と同じ定義です。

まとめると、次の4つが「副業」になります。

- 時給1000円のように自分の時間を切り売りする仕事
- 人から請け負った小さな仕事
- アマゾンなどで転売する仕事
- 月数万円程度のお金を稼ぐ仕事（行動）

それに対して、本格的に会社を立ち上げて登記をし、場合によっては人を雇ってオフィスを構えるのが「起業」です。「副業」と異なり、自分自身や他者から提供されたリソースを元に新しいビジネスを創出し、そこから生み出された付加価値をリソースの提供元や、自分のビジネスに関わる利害関係者を中心とした社会全体に還元する責任が伴います。

一般的に、会社勤めの人が在籍したまま起業するのは難しいものです。「起業」は、会社の仕事と並行してやっていけるほど甘くはないと思います。

その「副業」と「起業」との間となる「ながら起業」とは、会社員として働きながら、週末だけ自分の本業の仕事を活かしてコンサルティング業を行っていたり、自分の知識やスキルを活かしてセミナーを開いていたりすることを指します。

起業の一歩手前、副業に比べて自らの力で仕事を開拓して、それなりに収入もあるのが「ながら起業」です。一人で、我が家のように夫婦で、あるいは友人と組んでするような小規模な事業になります。

今まで会社員だった人がいきなり起業するのは無謀です。かといって副業はずっと副業のままで終わってしまいそうです。副業でせっかく働いているのに、それを本業や自分の成長のために活かせなかったら時間がもったいないです。

しかし、クラウドソーシングでウェブの記事を書く仕事を副業として引き受けて、そこで文章を書くノウハウを身につけていき、徐々にウェブの文章を書く仕事を自ら企業に売り込んで開拓していくのなら、副業を「ながら起業」に発展させることができます。

［図表１］副業、ながら起業、起業の違い

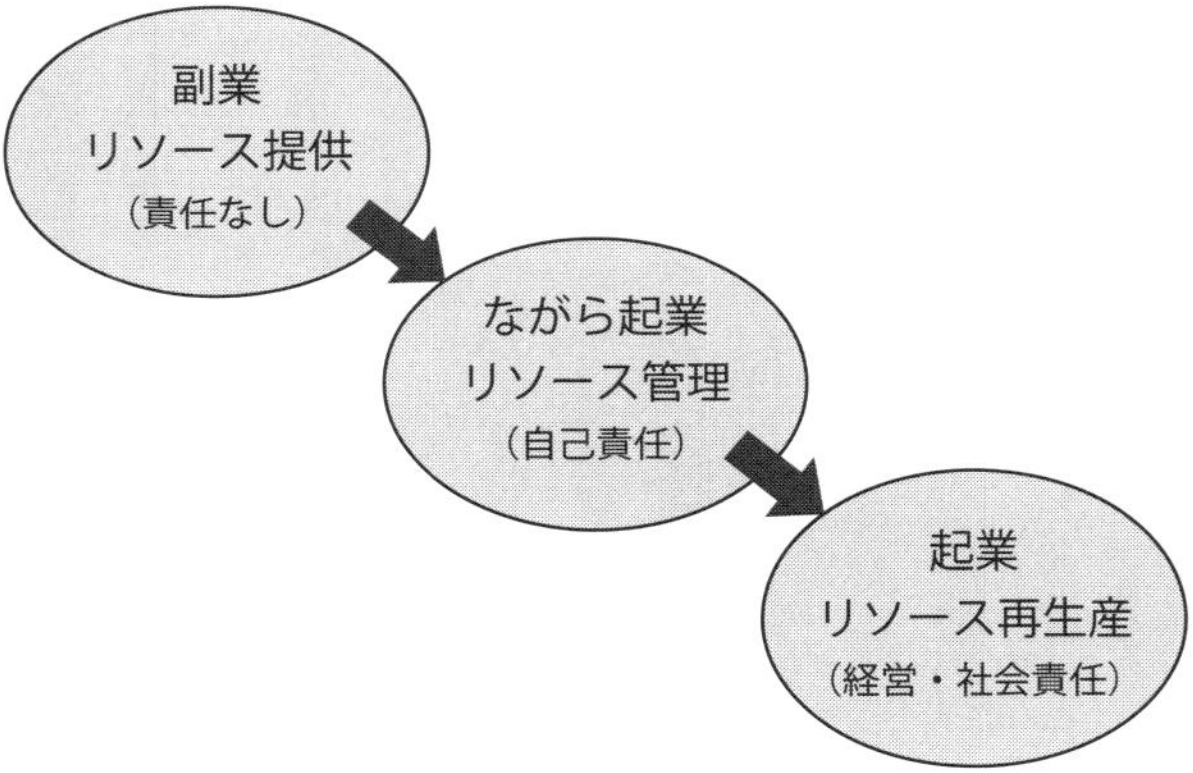

その仕事だけで生計を立てられるようになったら、本業を辞めて起業するという選択肢もあります。つまり「お試し起業」のような感じです。この段階では、リソースはあくまで自分自身、家族、長年の付き合いを経て信頼できるパートナーなど、自分で管理可能な範囲内で提供される限り、結果も自己責任の範囲で収まるでしょう。

自分でどんな事業をすればいいのか分からない場合、副業から始め、経験やスキルが身についたあと、「ながら起業」や起業にシフトするという手もあります（図表1）。

なぜ、今「ながら起業」なのか

私が「ながら起業」に注目したのは、第4次産業革命のなかでは、誰でもアイデアさえあればビジネスで成功できるチャンスがあるからです。

現在、第4次産業革命（Fourth Industrial Revolution、4IR）が起きています。ロボット工学、人工知能、ブロックチェーン、ナノテクノロジー、量子コンピュータ、生物工学、モノのインターネット（IoT）、3Dプリンター、自動運転車などの多岐にわたる分野において、新興の技術革新が進んでいます。

そして、情報技術とインターネットの進化によって、資本主義に代わるバーチャル経済圏・共有（シェア）主義経済へ移行しつつあります。この中でたくさんの新しいビジネスが生まれました。アメリカのUber、日本のメルカリ、中国の自転車シェアリングなどはその代表的な例です。これらのビジネスでは、共有と協働（コラボレーション）が重要な要素となり、さまざまなプラットフォームでネットワークが形成され、人々の意識は大きく変化しています。

一般的に、経営資源は「ヒト・モノ・カネ」だと言われています。Uber、メルカリ、自転車シェアリングなどはこの三つの要素がなくてもビジネスができるということを示したようなものです。自分で車を持っていなくても、車を持っている誰かが運転して客を目的地まで届けてくれる。それがUberですし、自分では人に売るような洋服やバッグを持っていなくても、売りたい誰かが買いたい誰かと取引するのがメルカリです。

今のビジネスはすでに仮想世界に進化しています。つまり実物を持っていなくても、ビジネスができるのです。

今までは、ビジネスをするには自分で車を何台も買いそろえ、洋服やバッグの在庫をストックしなければなりませんでした。

今はお店を持たなくても、インターネットでバーチャルショップを開けば、商品を売ることができます。ネットショップなら、開店コスト、販売エリア、営業時間を気にする必要がありません。

また、料理が得意な場合、サービスとしてインターネットに登録すれば、本業が休みの日だけ、出張料理人としてあちこちに出向いて料理をするビジネスも展開できるのです。つまり、自分のスキルを商品にできるのです。

さらに言うなら、自分が料理する必要もありません。料理自慢の人を募って出張料理人のサイトを立ち上げ、ユーザーから注文があったら、その案件を受けたい料理人に料理をしに行ってもらえばいいのです。これなら料理人を育てる人件費も発生しませんし、料理の材料を常に買いそろえておくことも、お店を開く必要もありません。

このようなビジネスモデルは初期費用（ヒト、モノ、カネ）がほとんど必要なく、必要なのはアイデアやリソースの整合能力だけです。だから本業の合間に誰でも気軽にビジネスができるのです。

産業的に変革が起きるような時代は、大きなトレンド（傾向）を読んでその波に乗れば、成功する可能性が高くなります。今こそ「ながら起業」をスタートさせる絶好のチャンスなのです。

私が「ながら起業」をはじめた背景

私が「ながら起業」を始めたのは10年ほど前です。

私は日本に来て長年ＩＴ企業を渡り歩いてきましたが、30代後半になると、ＩＴの分野は日々新しい技術やサービスが生み出され、そのつど勉強をしていくことに限界を感じるようになっていました。夫も同じ業界で勤めていたので、やはり同じ壁にぶつかっていました。

ＩＴ業界では「ＳＥ（システムエンジニア）35歳定年説」があるように、現場では若い世代が活躍しています。女性の技術者はさらに寿命が短いと言われていますし、私の場合は外国人ということもあって、昇進・昇格が40歳になる前に頭打ちになるのは目に見えていました。

その頃から、「ある日突然クビにされたらどうしよう」と本気で考えるようになったのです。

実際には、日本は正社員を簡単に解雇はできません。しかし、早期退職制度を設けて肩叩きをしたり追い出し部屋を作ったりして、企業はありとあらゆる手で追い出そうとしています。私もいつそんな対象になるか分かりません。地方の子会社への出向を命じられたりしたら、辞めるしかないでしょう。

元々外国人だからといって周りの日本人より優遇されるわけではなく、日本語を流暢に話せるのは当たり前。さらに英語も話せるのは当然だと思われています。仕事の内容も日本人の同僚以上のことを求められるにもかかわらず、重要な立場やポジション、裁量権のある仕事はなかなか手に入れられないのも現実です。

会社に変わることを期待しても、いつ変わるのかは分からない。だから、私はまわりの環境ではなく自分を変えることにしたのです。

明日会社を辞めることになったとしたら何をすればいいのか。まず、事業に着手する前にSWOT分析に取り組んでみるという方法があります。

SWOT分析とは、企業や事業の戦略策定をするときやマーケティングに使われる方法です。

・Strength（強み）
・Weakness（弱み）
・Opportunity（機会）
・Threat（脅威）

この四つの頭文字を取った言葉で、それぞれの項目に何が当てはまるのかを考えていきます。

例えば、不動産投資をするとき、私は夫とともにSWOT分析をして、自分たちの強みと弱み、外部環境の機会と脅威を洗い出してみました。まとめて見ると、次のようになります。

強み：中国の不動産バブルを現地で目の当たりにして、不動産投資の魅力、投資の勘所、高値づかみや不良物件を避けるノウハウを肌で感じている／ITプロジェクトの中で特に会計システム、経営管理システムの開発の最上流となる業務要件の定義に関わった経験から、事業分析、市場動向、経営指標等に関する情報分析の知見がある／ビジネスパートナーとして協業立ち上げ、M&A遂行業務を通して、新規の投資判断に関わるデューデリジェンス（取引先の財務状況や資産の価値、事業の将来性やリスクなどを調査して分析すること）やリスク分析のノウハウを持っている。

弱み：日本における不動産投資&管理の経験と投資資金の不足、会計・税務などの知識の不足など。

機会：（たまたま）IT業界の元同僚が一棟アパートを専門で扱う不動産業者に転職し、仲間うちでセールスをかけたところ購入する人が出て、市場動向、銀行融資、最新の情報が入手でき、それらの先例も活用できた／東日本大震災の直後で、関東圏の不動産投資熱が底を打っている状況であり、かえって値ごろの物件が入手可能であった。

脅威：空室のリスク、自然災害、金融機関の高い金利。

ＳＷＯＴ分析をしているうちに、自分たちにはさまざまな市場価値があるのではないかと思うようになりました。そんなときに、たまたま不動産投資を紹介する番組を観て「これは自分たちにもできる事業かもしれない」と思ったのです。

不動産投資は、投資といっても自分たちで物件を買って人に貸すので大家になることになります。そのためにはいい物件を選ばなければなりませんし、メンテナンスも、空室にならないような対策も必要になります。これは投資というより事業だと思ったのです。

分析結果を表にまとめると、次のようになりました（図表２）。

［図表２］不動産投資SWOT分析例

S 強み

中国不動産投資経験

ビジネスの知識＆実務経験

会社員としての安定収入

W 弱み

不動産管理経験の不足

投資資金の不足

会計・税務などの知識の不足

O 機会

不動産投資業者の知人

不動産市場底打ち

T 脅威

空室リスク

自然災害

金融機関の高い金利

S強み×O機会

中国の不動産投資経験を活かし、日本の不動産投資を知る知人に紹介してもらい、底打ち市場から値ごろな物件を入手する。

S強み×T脅威

ビジネスの知識&実務経験を活かし、専門管理業者に賃貸管理業務を委託し、空室リスクを抑える。また会社員の安定収入をアピールし、金融機関と金利交渉する。

W弱み×O機会

不動産管理業者、税理士などの専門家から各領域の助言をいただき、不動産投資を分析する。

W弱み×T脅威

管理業務主任者の資格を取る、不動産管理基礎知識を取得することによって、管理対策を講じる。

また会計・税務の基本知識を勉強し、投資分析を実施する。

これらの分析をしてみて、不動産投資なら弱みや脅威を補える材料があるので、リスクは最小限に抑えられると判断しました。

そして「ながら起業」をスタートすることになったのです。

「ながら起業」に必要なのは動機と行動力

「ながら起業」を成功させるために最も大切なのは、動機と行動力です。

今の会社から逃げ出したくて始めるという消極的な動機ではなく、自分の実力を正当に発揮できる場をつくりたい、自分の可能性を自分の手で切り開きたいといった積極的な動機であれば、成功できる確率が高くなります。

なぜなら、「ながら起業」はすべて自分で考えて判断し、行動しなければならないからです。

会社では誰かから仕事が与えられ、仕事の方法も教えてもらえます。何か失敗したとしても周りがフォローしてくれますし、大事な会議がある日に体調を崩して会社を休んでも、誰かが代わりに参加してくれます。

しかし「ながら起業」では、自分で仕事をつくらなければなりません。失敗したらすべて自分の責任です。体調が悪くて仕事に穴を開けたら、その分売上が減るか、二度と仕事を依頼してもらえないかもしれません。

さらに言うなら、面倒な事務仕事から、営業活動もマーケティングも資金の管理も、すべて自分でしなければなりません。よほどのモチベーションがなければ続けられないでしょう。

例えば、ある会社の正社員が将来海外で働きたいため、会社で与えられない仕事を経験したくてクラウドソーシングのサイトに登録し、自分の得意とした中国語で休日に中国語講師をしているとします。

このケースでは、動機は将来キャリアアップするためであり、実現方法は中国語講師となります。結果として、本業で経験できないことを副業で経験でき、毎月本業以外の収入を得ることができ、コミュニケーションの幅が広がり、人に教育をすることで経験が得られます。精神面でも金銭面でも自信と余裕が生まれるでしょう。

「ながら起業」はお金のためだけに始めるというイメージが強いかもしれませんが、実は本業の仕事では叶えることができない「収入、業務量、キャリア、人脈、将来性、達成感、社会貢献、楽しさ」などを手に入れる方法なのです。

私の場合は、前述した危機感のほかに、もう一つ、「ながら起業」を始めた大切な動機があります。

30代の頃、金融機関に対してシステムの業務分析、構築、改善などを提案するコンサルティングを担当していました。それはお客さまから言われたとおりのシステムを作っていたSEの仕事とは違い、お客さまの内情を深く理解して専門家としてお客さまの業務を分析し、問題点を発見して改善策を考える能動的な仕事で、刺激がありました。

さらに中国に工場を建てる日本企業に対して中国の法制、税制、人事、経理、IT、現地政府との付き合い、各関係者との連携などを専門家としてアドバイスもしていました。

その際仕事の達成感を味わうことで、自分の価値をしっかり実感することができ、「いつか自分も会社を立ち上げてお客さまを喜ばせる仕事ができたら」と思うようになったのです。

つまり、私の「ながら起業」の根底には、「人を喜ばせたい」という思いがあるのです。そういう動機がないと、自分のプライベートの時間を使ってまで仕事をしたいとは思えません。

アブラハム・マズローの欲求5段階説によると、人間は衣食住という基本的な欲求が満たされれば、より高度の欲求を求めるようになると言われています。食べたい、飲みたい、寝たいといった「生理的欲求」が満たされると、安全安心な暮らしをしたいという「安全欲求」が生まれ、それが満たされれば仲間が欲しい、共同体から受け入れてもらいたいという「社会的欲求」が芽生えます。そして、人から認められたい、尊敬されたいという「承認欲求」が生まれて、自分があるべき姿になりたいという「自己実現欲求」に到達するのです。

「ながら起業」は単に糊口を凌いだり、財布に余裕を持たせたりするのでなく、もっと広く自分を世の中に認めてもらいたいという「承認欲求」や、自分の人生をかけて、ある目標を達成したいという「自己実現欲求」を満たせるチャンスになると思います。もしも、今あなたが本業の仕事にやりがいを感じられず、生きがいを持っていないのならば、「ながら起業」は人生に彩りをもたらしてくれるでしょう。

「ながら起業」のメリット・デメリット

メリット① 進退が自由にできる

論語に「中庸之道」という教えがあります。

これは考えや行動が中立であることを意味しますが、「ながら起業」はまさにこの道を選んでいるようなものです。

完全に独立する「起業」と組織に属する会社員の間に位置する「ながら起業」は、進退が自由にできるというメリットがあります。

本業がダメなら「ながら起業」があり、逆に「ながら起業」がダメでも本業があります。本業で守りに入り、「ながら起業」で本業ではできない仕事を攻めることもできるでしょう。また、「ながら起業」は失敗してもすばやく撤退することができます。これが本業の場合、撤退すると責任を取らされるかもしれないので、うまくいかないのが分かっていてもズルズルと続けてさらに深みにはまっていきます。本格的に起業した場合も、スパッとはやめられないでしょう。社員がいたら社員の生活もありますし、自分が骨身を惜しまず育てたビジネスが失敗したとはなかなか認められなくて、続けてしまうこともあり得ます。

一方、「ながら起業」は自分の決断だけで始めることも辞めることもできます。だからリスクを小さく抑えられるのです。

メリット② 精神面、物質面に良い循環が生まれる

「ながら起業」では本業とのバランスがとれるため、精神面では、自分の本業で発揮できない満足感や達成感が得られます。そして、それらの感情が生まれることで自信ができ、本業にもいい影響を与えるというサイクルが生まれます。

物質的な面では、金銭的な余裕が生まれます。本業の給料も自分が働くことで得る対価ですが、「ながら起業」は一からすべて自分で考え行動して得られる対価なので格別です。給料を「いただく」という受け身から、「稼ぐ」という能動的な意識に変わるだけでも大きな変化になります。

「ながら起業」で得たお金で勉強し、自分が知らない分野の知識を吸収することでさらにビジネスを大きくできます。それにより、さらに利益が増えるので、物質面でもいい循環が生まれるのです。

また、本業では社長になることは不可能であっても、「ながら起業」では社長になり、自分の人生の主人公にもなれます。日本でも知られている「鶏口牛後」ということわざのように、大きな組織の末端にいるより小さな組織のトップであるべきではないでしょうか。

デメリット① 後ろめたさを感じる

「ながら起業」のデメリットの一つに、後ろめたさがつきまとうことが挙げられます。

本業の会社では「ながら起業」をしているとは公表しづらいので、みんなが残業をしているなか自分は「ながら起業」のために帰った場合、「申し訳ないな」という気持ちになるかもしれません。

覚悟を決めて起業しているわけではありませんし、会社にどっぷり浸かっているわけでもないので、私たちも最初の頃は中途半端な感じで居心地の悪い思いを感じていました。

ただ、これに関しては会社に申し訳ないと思うこと自体、会社に染まりきっている、つまりしがみつき社員になっている表れなのかもしれません。一度しかない人生で、24時間しかない一日です。18時以降に何をしても本当は自由なはず。副業禁止という会社もまだまだあるようですが、そもそも副業を禁止にすること自体、おかしな話のように感じます。

私の場合は、「ながら起業」に力を注ぐ分、本業をおろそかにすることのないように、むしろ本業で人一倍の実績を残すように努力することで、結果的にそのような後ろめたさを感じることがなくなりました。

デメリット② 多方面でのリスクが増える

また、単に会社勤めをしているのに比べ、「ながら起業」を始めようとして行動した分リスクも増えます。

うまくいかなかったら金銭的にもダメージを受けるのは当然のこととして、「ながら起業」が軌道に乗るまでには時間がかかるため、始めた当初には想定し切れなかった事態が生じる場合もあります。これらは、ある程度は保険などでカバーできるとしても、地震や火災等の自然災害や、国の政策や方針が突然変わるなど、自分たちの力ではコントロールできないような、外部からもたらされるリスク要因を指します（後者の例は私たちも経験しているので、後述します）。

副業は、他者のビジネスに自分のリソースを提供するだけで結果に責任が伴わないので、提供したリソースに比例した利益を得られるでしょうが、「ながら起業」は以上に挙げたような想定外のリスク要因により、得られる見返りが大幅に変動、ともすれば大きくマイナスとなる場合もあります。万が一失敗した場合には、すばやく撤退するにしてもショックは受けるので立ち直るまでに時間がかかるかもしれません。それでも、事業が軌道に乗ったときは「始めてよかった」と心から思うでしょう。

私たちもその充実感や満足感を味わってきたから、皆さんにもお勧めしているのです。

また、本業以外の時間を費やすことになるので自由時間がほとんどなくなる可能性もあります。家族がいるなら、家族と過ごす時間が減るのでなかなか理解してもらえないかもしれません。私たちは夫婦で起業しているので時間的なデメリットはそれほどなく、家族に理解してもらえないという心理的な負担もないので恵まれていると思います。我が家では「ながら起業」を始めてから、その利益で家事代行サービスを利用するようになりました。家事から解放されるのと同時に自由な時間が生まれて、趣味や「ながら起業」に費やせる時間が増えたのです。そのようなサービスを上手に利用すれば、時間を犠牲にするリスクは抑えられるでしょう。

「ながら起業」に向く人・向かない人の特徴

「ながら起業」に向く人

「ながら起業」に向くのは自立していて、本業でもそれなりの評価を実際に得られている、あるいは本来もっと高い評価が得られてもいいのに、何らかの外的・内的要因により十分な評価が得られていないような方です。

この場合の自立というのは、会社に依存していないということ。自分の目標ややりたいことがしっかりしていて、そのために行動を起こせる人のことです。

以前から、「社内起業家」を募る企業はありました。前に、テレビ東京の「ガイアの夜明け」で繊維業界の老舗企業、東洋紡が個人向け商品の開発をするというプロジェクトを紹介していました。東洋紡は企業向けの素材を製造するＢｔｏＢ企業で、個人向け商品を開発するのは今回が初めてだったようです。そのプロジェクトに参加した社員は自分たちでアイデアを出していました。

おそらくそういう場に参加するような人は、「ながら起業」に向いているのではないでしょうか。新しいことをしたいというチャレンジ精神があり、新しいものを生み出したいというアイデア力もあるからです。

そういう好奇心が旺盛な方に、「ながら起業」は向いています。

「本業で評価されている」というのは何か役職に就いているということではなく、取引先に信頼されているとか、社内で「この業務はあなたにしかできない」と思われているようなことがあるなら評価されているといえます。

今は多くの企業で３６０度評価を導入しているので、自分の社内での評価はある程度分かるでしょう。

また、本業とは別にやりたい仕事がある人も、「ながら起業」で試してみることをお勧めします。

本当はコンサルティング会社に入りたかったものの、入社できなかった場合、自分の今の仕事の経験を活かして知人にコンサルティングをしてみる方法もあります。実際にやってみたら「自分には向いていなかった」と分かるかもしれませんし、「やっぱりコンサルティング会社でしっかり経験を積もう」と思うかもしれません。

将来起業を考えている方も、もちろん向いています。

起業してやりたいことがすでに決まっているのなら、「ながら起業」で小さくスタートしてみてはいかがでしょうか。それで軌道に乗ったなら、本格的に起業すればリスクを抑えられます。

「ながら起業」に向かない人

対して「ながら起業」に向かない人は、一言で言うと、今まで説明してきたしがみつき社員です。

自分がしがみつき社員になっているという自覚のある人なら、まだ望みはあるかもしれませんが、自覚がない人には向いていないでしょう。そもそも、会社にしがみつくことしか考えていないので、「ながら起業」や副業で別の収入源を得ようと考えることはないかもしれません。

さらに厳しい意見になりますが、本業でうまくいっていない人は、そのまま「ながら起業」を始めても成功しないのでは、と思います。

「ながら起業」もビジネスである以上、多くの人とコミュニケーションを取りながら進めるという点は変わりません。本業でコミュニケーションをうまく取れない人が、「ながら起業」ならできるということはないでしょう。

そういう方はクラウドソーシングで簡単な仕事を引き受けてお金を稼ぐ副業のほうが向いているかもしれません。クラウドソーシングの場合、クラウド上のやりとりだけで仕事ができます。

また、今の会社で何も提案できないような方が「ながら起業」をするのも難しいでしょう。

「ながら起業」は自分でビジネスのヒントを考えて、それを形にしていかなければならないので、提案力や周りを巻き込む力も不可欠です。本業で人から与えられた仕事を言われた通りにしかできない人は向いていないと思います。

もしそんな自分自身に危機感を覚えて何とかしたいと思うのなら、「ながら起業」のためのトレーニングだと思って、本業であらゆる経験を積んでみてください。コミュニケーションに自信がない場合、社内や社外の人と積極的にコミュニケーションを取って、経験を積んでいくのです。給料がもらえるトレーニングだと思えば、やってみようという気になるのではないでしょうか。

もう1点、ブラック企業に勤めていて1日20時間働いているような時間的に余裕のない方は「ながら起業」を考えるような余裕すらないでしょう。本当はその状況から抜け出すために「ながら起業」をやっていただきたいのですが、その時間を取れないのなら、会社を辞めるところからスタートするしかないかもしれません。

「ながら起業」で生まれる相乗効果

私が「ながら起業」を始めて実感しているのは、本業にプラスが多いという点です。仕事のスキルが高まったのはもちろんのこと、視野も広がったので、「ながら起業」はいいトレーニングの場なのだと感じています。

私には次のような相乗効果がありました。

・「経営者目線」を持てる

ビジネスでは「経営者目線で考えろ」とよく言われますが、実際に経営した経験がなければ、なかなかそういう視点は持てないものです。

「ながら起業」では自分が経営者になるので、自然と経営者目線を持てるようになります。ビジネスプランの立て方や予算の組み方、利益の出し方、次にどのような新規事業に参入すればいいのかなど、「ながら起業」で実践していることは、そのままどの企業の経営者もやっているようなことばかりです。

私は今まで本業でバランスシートなどの財務諸表を見る機会があってもなんとも思いませんでしたが、自分の会社の財務諸表を作成するようになってからは見方が変わりました。本業の会社の数字を見ながら、「なぜこの製品はこんなに原価が高いのか」「ここのコストを抑えたら、何百万も利益が出るのでは」などと考えるようになったのです。

また、それまでは本業でのビジネスプランの企画書の作成は、単なる「通過儀礼」に過ぎませんでした。決まり切った結論に向かって万事抜かりなく進めるためにあらゆる関係者に忖度して丸く収めるための儀式、という程度にとらえていたのです。たとえ上司や取引先から「この企画はなんの意味があるの？」「うちにどんなメリットがあるの？」と突っ込まれても、それらは決まりきった結論を前提とした突っ込みであり、形式的な模範解答を数パターン用意すれば合格です。読者の中には、そういった予定調和の世界にうまくなじめない方もいるのではないでしょうか？

しかし「ながら起業」で作成する自分自身のビジネスプランは全くの真剣勝負です。自分の会社をどうしたいか、そのために何にどのように取り組むのかを本音で考えなければいけません。そういった考えを巡らせていくうちに、本業においても自然に、本気でこの企画を進める意味があるのか、どのようなメリットをもたらすのかを全くの掛け値・忖度なしで考えられるようになりました。

また、経営者目線を持つことで、世界が広がると、本業に取り組む姿勢も大きく変わりました。

それまでは社長以下経営層や上司の目を常に意識するあまり、どうしても大きな失敗をしない、目の前の仕事を無難にこなす、という意識になってしまいがちでしたが、「ながら起業」を通して、この会社をどうしたいのか、中長期的に達成すべき目標は何か、という根本的な部分を常に考えるようになりました。日々の提案活動一つをとっても、目先の評価に一喜一憂しない大胆なアイデア、俯瞰的な視点で物事の取りまとめができるようになったのです。そのようなことを何回か積み重ねるうちに、本業で大きな裁量を与えられ、必然的に良い成果にもつながる好循環を生み出しています。

・交渉力が付く

「ながら起業」は本業の会社の看板がまったく通用しません。したがって、関係者との交渉はすべて自力でやっていかなくてはならないのです。

例えば、外部の協力者に作業を依頼するとき、こちらとしては「1件につき1万円でお願いしたい」と考えていても、相手は「3万円なら引き受けます」と言ってくるかもしれません。そこで交渉をして、なんとか自分の求めている料金に近づけていくというやりとりが必要になるのです。

あるいは、融資を受けるときも、できるだけこちらにとって有利な材料を相手から引き出さなくてはなりません。

私たちは不動産投資である程度利益を出せるようになってから、自宅についていた抵当権を外してもらいました。銀行としては、万が一、私たちがローンを返済できなくなったときのために、自宅を担保にしておきたいわけです。通常は簡単には抵当権を外してくれないようですが、担保なしでも融資を受けられる銀行を探して、「そちらに乗り換えますよ」と言ったら、すぐに抵当権を外してくれました。

利益を出せるようになり、銀行より有利な立場に立ってから交渉したので、こちらの要求が通ったのです。

そういった交渉力は本業でもかなり役立っています。

「どのタイミングでこの要求を切り出したら、相手は条件を飲んでくれるだろうか」と戦略を考えるようになったので、話が通りやすくなったのだと思います。

・コミュニケーション力が高まる

「ながら起業」で出会う人たちは、本業で仕事をしている相手とはまったく別の分野の人が多いので、交流していると大いに刺激を受けます。普段とは触れる情報がまったく違うため、刺激を受けるのと同時に、本業とは違うコミュニケーションの取り方をしないと話が嚙み合わなかったりします。それがコミュニケーションのいい訓練になり、本業の商談などで話の幅が広がり、コミュニケーション力が一段上になったと実感しています。

本業で周りの人とコミュニケーションをうまく取れないと悩んでいるのなら、「ながら起業」を練習の場にしてみるのはいかがでしょうか。本業だと取引先とトラブルになって契約を打ち切られるような事態になったら大問題になりますが、「ながら起業」なら自分にしか被害は及びません。失敗しても気が楽なので、どんどんコミュニケーションを取ってみるのをお勧めします。

何より、人脈は財産になります。会社の看板を通して築かれた人脈は、会社を辞めると同時に途絶えてしまいますが、「ながら起業」で培った人脈は一生あなたのものです。

・スキルやテクニックを活かせる

逆に、本業で培ったスキルやテクニックを「ながら起業」で活かすこともできます。

私はＩＴが専門なので、普段はエクセルなどのツールを使ってデータ分析をしたりしています。「ながら起業」でもデータ分析をするときに使うので、「ながら起業」のために一からスキルを習得しないで済むのは大変心強いと感じています。

また、本業でデューデリジェンスをしたり、ＳＷＯＴ分析で自社の事業について分析したりするので、それも「ながら起業」で実践しています。

このように、本業と「ながら起業」の双方に相乗効果が得られるのです。もしかしたらワンランク上の仕事をするようになったことで会社での評価が上がり、昇進できるかもしれません。

お金を得ながら自分の能力も磨けるなんて、最高の場だと思いませんか?

何から始めればよいのか?

「ながら起業」を始めるとき、何から手を付けたらいいのか迷うかもしれません。

起業と違って、身一つで手軽にできるのが「ながら起業」のいいところ。あまり難しく考えずに自分がやってみたいことを試してみるのがいちばんです。

将来、必ずしも起業する必要はありませんし、副業からスタートさせて「ながら起業」に発展させる必要もありません。いきなり起業できるならそれでもいいですし、自分には「ながら起業」は向いていないと思うのなら副業をずっと続けてもいいでしょう。

例えば犬を飼っていて動物好きなら、犬の散歩の代行業をするというのもアイデアの一つ。これなら会社の出勤前の時間を利用してできるでしょうし、土日は掛け持ちできるでしょう。犬好きの知人に声を掛けてみるところからスタートできるビジネスだと思います。それで経験を積んだら、散歩に連れていくのが難しそうな年配の人に声を掛けたりして、数を増やしていけばいいのです。

しかも、初期コストはほぼゼロ。副業としては理想的かもしれません。

それに、散歩の代行を続けているうちにほかのビジネスのアイデアも思いつくかもしれません。

「ブラッシングなどのお手入れもオプションで入れよう」とか、「犬向けのマッサージはどうか」など、アイデアが出てきたら事業の幅を広げていけばいいのです。

「ながら起業」で何をするか決めるときには、次の3点を参考にしてみてください。

1．アプローチのハードルを低くする

何か専門的な機材が必要だったり、場所を確保しないとできないようなビジネスは、「ながら起業」としてはハードルが高すぎます。

「土日だけワゴンカーでお弁当を販売してみたい」と思ったとしても、そのワゴンカーをどうやって入手するか、普段はどこに置いておくのか、食材はどのように買いそろえるのか……といった点を考慮すると、相当なコストが掛かることが分かります。

前述した経営資源のヒト、モノ、カネを最低限のケースで考えてみてください。人は自分の頭脳と体、物は商品（なるべく少なく）、お金は本業の収入です。

貯金全額を資金に回すなどと無謀なことは考えないように。家賃や生活費を確保したうえで「この金額なら失敗しても大丈夫」というお金だけを使うのが安全策です。

この条件で始められるビジネスが「ながら起業」のスタートとしてはちょうどいい規模です。

逆に、その最低限の3つさえそろっていれば「ながら起業」はいつでもスタートできるとも言えます。

2．苦手なこと・専門的なことは外注する

会社員は本業があるため、本業以外に取れる時間が限られています。

ですので、すべて自分が担当する必要はなく、苦手な作業や専門的な作業は外注したほうが効率的です。

例えば不動産投資の場合、賃貸マンションやビルのメンテナンス管理を専門の管理会社に任せることができます。信頼できる管理会社を選ぶという手間はかかりますし、管理会社にお金を払わなければいけませんが、自分が自由にできる時間をお金で買うという感覚です。

クラウドワークスやランサーズという個人でも外注できるサイトを利用すれば、かなりいろいろな作業を任せることができます。

ただし、外注する前に「ながら起業」で得られる利益から外注費用を引いて、どれぐらいの利益が残るのかはしっかり考えなくてはなりません。外注費用のほうが利益よりも多かったら「ながら起業」をする意味があまりないので、慎重に検討してください。

3. ストックビジネスが最適

ストックビジネスとは、一定数の顧客を獲得して、継続的な利益を得るスタイルのビジネスのこと。言い換えれば、毎月安定運営できる仕事です。

一例として、ビジネスコンサルティングサービスを提供する場合、常に一定のお客さまを確保できれば、定期的な収入を得られるので安定させられます。これを保障できない場合、ビジネスは長く続けられません。

駐車場の経営もストックビジネスになるでしょうし、何かの教室を開くのも一定数の生徒を確保できればストックビジネスになります。

反対に、飲食業のように顧客が不安定な職種は失敗する確率が高くなるので、あまりお勧めしません。

社会のトレンドをつかめば、ビジネスのヒントが得られる

以前、勤めていた会社で、社員向けにＡＩ業界の動向についての勉強会が開かれたとき、アメリカのUberなどを紹介していました。

その際に、「akippa」という駐車場のシェアリングサービスを紹介していたのです。

興味を持って調べてみると、駐車場を貸したい人と、借りたい人をつなげるシステムだ

と分かりました。わが家は都内なので車はほとんど使いませんし、税金もメンテナンス費用も掛かるので、車を売って、ちょうど駐車場が空いていました。

そこで、自宅の駐車場をさっそく登録したところ、頻繁に借りる人がいて、お小遣い程度の収入源になっています。

新しいビジネスは、大きく分けて二つのトレンドに基づいています。

一つは国の政策や社会環境などの変化によって起きるトレンド。

もう一つは先述した第4次産業のように、新たな産業によって生み出されるトレンドです。

不動産投資や太陽光発電への投資、ふるさと納税は国の政策によるトレンドに当てはまります。前述の「akippa」は後者の第4次産業によるトレンドです。私たちも今はほかの人がつくったプラットフォームを利用している立場になりますが、いずれ自分たちで今までにないサービスを生み出すかもしれません。

どんなビジネスをすればいいのか見当がつかない場合は、この二つのトレンドをもとに考えてみてください。そういう意識で見てみると、普段は気がついていないだけで周りにはビジネスヒントがたくさん埋もれていることに気づくでしょう。

そのためにも、実際にサービスを利用してみることをお勧めします。ここ数年で急激に普及したもので言えば、メルカリでの物の売買、カーシェアリング、Uber、スマホでの電子決済などがあるでしょう。

サービスについていちばん早く理解が深まりますし、世の中に起きている新型のサービスを積極的に体験することで自分なりのアイデアも自ずと生まれてきます。

どんなビジネスがうまくいくのかは、いろいろ試してみないと分かりません。

「ながら起業」は、さまざまな小さなビジネスを試せるのもメリットの一つ。フットワーク軽く、「これはいけるんじゃないか」と感じたものを、まずはやってみて、手応えを感じたら本格的に取り組んでみるのもいいのではないでしょうか。

そのためにも、テレビや雑誌、ネットの情報などを広く浅く集めて、常に何かアンテナに引っかかるような状態にしておくのをお勧めします。

また、皆さんも会社の中では、組織改正や派閥の動向に常に目を光らせて「今度はどの人の芽が出てくるのかな？（＝どの人についていくのがいいのかな？）」などとアンテナを張り巡らせていると思います。しかし、どうせならば、運命を他人任せにするためでなく、自分自身で運命を切り拓くためにアンテナを張り巡らせるほうがよっぽど建設的で生産的なのではないでしょうか。

コラム③ 中国人は40代で総経理

もし、皆さんがビジネスで中国に行き、中国人と名刺交換をしたとします。そのとき、肩書に「総経理」と書いてあるので、「経理の部長かな?」と思ったのなら、大間違い。

総経理とは中国では「社長」という意味で、「总经理」と書きます。総支配人や総元締めといった意味です。

ちなみに、「副总经理（副総経理）」は副社長、「董事长（董事長）」は会長です。ビジネスでの交渉は、決定権を持っている総経理とするのだと考えてください。

なお、社員のモチベーションを上げるため、本当の社長ではなくとも「○○総経理」の肩書を与えて気持ちを奮い立たせている企業も少なくありません。だから一つの会社で名刺交換した10人のうち9人が総経理だった、という有名なジョークも中国にはあります。

たとえそうだとしても、相手のメンツを立てるために、相手を社長だと思って接しておくのが安全です。

中国では年間440万社、1日平均にして1・2万社が誕生していると言われています（出所：中国国家工商行政管理総局）。つまり1日に1・2万人の総経理が誕生しているということです。

創業地はほとんどが北京、上海、広州、深圳などの沿岸都市に集中しています。もちろん、それらのすべてが成功するわけではなく、95%以上の新米起業家は失敗すると言われています。

そんななかで生き残って成功を収めてきたのは、70年代前後に生まれた40〜50代の経営者です。

例えば、中国検索大手「百度」の李彦宏は50歳、中国人のほとんどが利用しているSNSアプリ微信（WeChat）で有名なテンセントの馬化騰は47歳。スマートフォンメーカー「小米（シャオミ）」の雷軍は49歳で、中国のスティーブ・ジョブズと言われています。私も彼らと同世代なので、自力でビジネスを切り拓いている姿にとても共感します。

こういった40~50代の経営者が成功した共通の特徴として、伝統産業ではなくインターネット、SNS、ネットショッピングなどの新しい分野で5~10年という短い期間で急成長した企業を創ったという点です。90年代からインターネットの普及をベースとした、電子取引、SNSといった時代の先端技術を使ったさまざまな分野で、彼らは時代の波に乗ってチャンスをつかんで成功しました。

皆さんが中国でビジネスをする相手は、そういった若手社長が多いという点は覚えておいたほうがいいでしょう。若者なので、発想が柔軟で仕事のスピードが速い。それについていけないと対等なビジネスはできないかもしれないので、注意が必要です。

［第4章］

「ながら起業」で収入の柱を打ち立て、豊かに暮らすためのポイント

本業以外の分野にチャレンジしてみる

第４章では、「ながら起業」を成功させるためのポイントをお伝えします。

まず、「ながら起業」では、私はあえて今まで経験したことのない分野にチャレンジしてみるのをお勧めします。

もちろん、今まで自分が本業で携わってきた分野の仕事を選ぶのが、一番やりやすいでしょう。自分が精通している業界だと、どのようなビジネスが求められているのかも考えやすいと思います。

しかし、精通している業界だとその分野ならではのリスクをわかってしまうので、行動に起こせない場合もあります。怖いもの知らずだからこそ挑戦できることがあるのです。

私たちはスタートする前にＳＷＯＴ分析をしたと、第3章でお話ししました。

二人ともＩＴ業界で経験を積んできましたが、それならソフトウェア開発会社を立ち上げられるかというと、それほど簡単なことではありません。ソフトウェア開発は発注してくれた企業に合ったシステムを設計し、開発し、運用しなければならないのです。私たちに仕事を任せてくれる企業を探す営業活動、開発場所の確保、設備の購入、システムの導入、人材の雇用、トレーニングなどの初期費用、それに、通常の会社運営、システムに不具合が起きたときはどう対応すればいいのか。私は、日中は本業があるので対処できません。このような理由から、いきなり起業という選択肢は我々の現状には難しいという判断に至りました。

ただ、正直なところを言うとＩＴ開発分野はいずれＡＩに取って代わられると思います。特別な技術やモデルがない場合、単に人を使って、一般的な開発を行うＩＴベンダー企業はこの先は非常に厳しくなります。今さらＩＴ業界のトレンドに乗っていない分野に入るべきではないと我々は考えています。

そこで、本業とはまったく違う不動産の分野を選択しました。

しかし、もし不動産業界にいたら自分で不動産投資をしようとは思わなかったかもしれません。不動産はトラブルも多い業界なので、それを内側にいて目の当たりにしていたら、手を出そうとしなかったでしょう。

もちろん、皆さんの本業によっては、精通しているからこそアプローチの仕方や人脈、リソースの入手などが分かるというメリットがあります。ですので、最初は本業の分野で「ながら起業」を始めてもいいかもしれませんが、ゆくゆくは新たな分野も選択肢に入れてあらゆる可能性にチャレンジしてください。

私が「ながら起業」として不動産投資を選んだ理由を説明します。

・安定した業界

いくらＡＩが発達しても、人間の生存の根幹である衣食住は変わりません。住むという需要さえあれば、市場はあるはずです。もちろん不動産業界にも景気・不景気がありますが、重要なのは始めるタイミングおよびその後の運営です。

・本業に影響しない

不動産投資は物件選びにある程度時間はかかりますが、選んだ後は入居者を募集したり、部屋に不具合が起きたときにメンテナンスをしたりするなどの細かい業務は、管理会社に任せればやってもらえます。自分で手を動かす必要がないので、本業に支障を来さないのです。

・**会社のルール違反にならない**

国は2018年を「副業元年」と位置づけ、正社員の副業や兼業を後押しするガイドラインをつくりました。しかし、2018年にリクルートキャリアが調査した結果によると、兼業・副業を容認・推進している企業は全体の28・8%と、まだまだ少数派です。兼業・副業を就業規則で禁止している企業は71・2%もありました。

禁止するのは、「社員の長時間労働・過重労働を助長するため」「労働時間の管理・把握が困難なため」といった理由からです。副業に力を入れて本業をおろそかにされると困るということです。

副業で何か問題が起き、本業に支障を来して罰則を設けるのなら分かりますが、何も起きていないのに禁止にすること自体、本当はおかしいのではないかと感じます。

その点、不動産投資は本業の合間を縫って働く必要はないので、副業という扱いにはなりません。

また、会社員には「競業避止義務」という、同業他社で在職中や退職後も一定期間は働いてはいけないというルールを設けている企業もあります。不動産投資はそれにも抵触しないので、まったく問題はないのです。

・銀行の融資を受けやすい

不動産投資はローンを組んで、毎月の家賃収入がローンや諸経費を上回るように設定することで利益を出す方法です。

「会社員は不動産を買うお金がないので、銀行から融資を受けづらいのでは？」と思うかもしれませんが、実際はその逆で、会社員だからこそ融資を受けやすいのです。

会社員は自営業者や経営者に比べると毎月一定の収入を得られるので、毎月ローンの返済をしてもらえる確率が高くなります。自営業者や経営者だと、「今月は売上が悪くてローンを返済できない」のようなことが起きる可能性があるので、かえって融資を受けづらいのです。

しかも、今はマイナス金利が続いています。これはマイナス金利にすると銀行が日銀に預けているお金が減らされてしまうので、日銀に預けているより市場に放出しよう、つまり融資をしよう、という動きになるのを狙って導入された対策です。ですから融資を受けやすく、場合によっては億単位の融資を受けることも可能です。

ただ、2018年に起きたスルガ銀行の不正融資事件の影響で、現在は金融機関の審査については厳しくなっています。

もちろん、「ながら起業」は不動産投資をしなければならないというわけではないので、一つの参考として考えてみてください。事業を始めるとき、必ずその時期の外部環境の影響を受けます。自分の意志だけではなく、世の中のトレンドや周りの社会、経済環境を含め考慮する必要があります。

たとえ未経験の分野であってもチャレンジすると、新たな知識や経験といった自分の財産が増えます。それは新たな自分の強みになるので、これからの人生で必ず役に立つでしょう。

アウトソーシングで仕事を発注する側になっておく

ピーター・ドラッカー氏は「トップマネジメント以外はすべてアウトソーシングできる」という言葉を残しています。

これを極端な考え方だと思いますか？

私は近い将来、多くの企業はそうなっていくだろうと考えています。日本の企業もそうなるでしょう。そうなると「正社員」という雇用形態が消滅し、経営陣以外はすべて外注でビジネスを成立させるということになります。

既にそういう兆しは生まれています。

ソフトバンクの孫正義社長の弟の孫泰蔵氏は、ゲーム会社のガンホー・オンライン・エンターテイメントを立ち上げた起業家です。起業家を育てるシリコンバレーのようなエコシステムを日本に構築しようと、スタートアップ企業を支援するミスルトウ（Mistletoe）という会社を6年前に立ち上げました。

孫氏は日経ビジネスオンライン（2018年8月30日）のインタビューで、「オフィスと社員はもう要らない」という刺激的なことを話していました。200人ぐらいが出入りしていた広いオフィスを閉鎖するのと同時に、正社員として雇用していた社員を全員業務委託契約に切り替えていくそうです。

それ以降は案件ごとにプロジェクトチームをつくって進めるという働き方になり、ビジネスチャットツールやビデオ会議で互いにコミュニケーションを取っているのだとか。

IT系のベンチャー企業から、徐々にそういう働き方が浸透していくのではないでしょうか。会社は管理部門のコアチームだけを持ち、仕事の大部分をアウトソーシングし、それまで正社員として働いていた人たちはフリーランサーや小規模の事業主として、それらの仕事を請け負うという環境になっていくのです。

日本では、バブル崩壊後の一時期、自由な時間に働ける派遣社員や契約社員がもてはやされていました。それが、リーマンショック後に景気が悪化してから、やはり正社員が安定していていいのだと「正社員至上主義」になっていきました。

しかし、近い将来、正社員は時代に遅れた働き方だという風潮になっていくでしょう。

1990年から2014年までの米国労働局の報告によると、労働組合員数は半減しましたが、フリーランサーの割合は2倍になったといいます。これは、人件費が年々上がっていったので、それを抑えるために外注しているということだと思います。

今後も企業で自分のポジションが約束されているなら、発注する側にいてもいいでしょう。しかし、いずれ「ポジション」という概念がなくなり、「タスク（役目）」に置き換えられる可能性があります。プロジェクトごとにタスクが与えられ、そのプロジェクトが終われば解散となる。そういう働き方に対応するためには、早い段階で外注を受ける側にいたほうが有利になります。自分の強みを見つけ、企業ではなく、市場で自分のポジションを確立しておくのです。

「ながら起業」なら、それを実現できます。

そもそも、会社で、社員にしかできないことはなんでしょうか？

2013年の米国調査機関Statistaのレポートによると、世界のITアウトソーシング市場は2880億ドルで、年間5・84％の成長が見込まれ、2019年には4000億ドルに達すると予測されています。

日本でも、大企業ではエンジニアを名乗っていてもプログラムを書けない人は珍しくありません。アウトソーシングしているので、書けなくても問題ないのです。開発工程を外注している企業は多いですし、人事や経理、総務の業務をアウトソーシングする例もあります。

現在会社で行っている業務のうち、自社でしかできない業務はどれぐらいあるでしょうか。おそらく、ほとんどないことに気づくでしょう。製品開発も外部に委託してやってもらうことはできます。

2012年、アメリカの大企業である歯磨き粉や洗剤、石鹸をつくっているコルゲートは、クラウドソーシングを活用して広告を制作しているトンガルという企業と組んで、制汗剤の広告を制作しました。

このときは賞金1万7000ドルのコンテストを実施して、一般から広告作品を集めました。選ばれた作品はアメリカンフットボールの決勝の試合中に流れたのです。

今までは広告制作会社がつくっていたCMさえ、アウトソーシングでつくる時代になったということです。多くの企業が求めているのは「外部の優秀な頭脳」なのでしょう。

私の周りには、ブランディング、トレーニングなど独立したコンサルティング業務に携わっている多くの友人がいます。企業は自分たちの仕事をより細分化し、プロの人々に任せ、自らはリソース（資源）を集中させてチームを合理化し、最も価値のあることを行うようになったのです。

おそらく、この変化の波は止められないでしょう。

だから、今から「ながら起業」を育てて準備しておいたほうがいいと思うのです。

「儲かる仕組み」を設計する

こうしたアウトソーシングの流れを受けて、発注される側になることも大切ですが、自分が「ながら起業」で仕事を発注する側になることもまた、大切です。

時間的な制約もあれば、一人が抱えられる仕事の量にも限界があります。だから、ずっと一人だけで仕事をしていたら、売上はいずれ伸び悩んでしまいます。

そのうえ、自分で働くより、人に働いてもらうほうが利益を生み出す最短の道でもあります。自分は管理業務をするだけで、実務は人にしてもらうのが理想的です。

人に働いてもらったら人件費がかかるので、一見、損しているように感じるかもしれません。それは、「時間をお金で買う」という概念がないから、そう感じるのでしょう。

「時は金なり」ということわざがありますが、これは「Time is money」と英語でもありますし、中国語でも「一寸光陰一寸金」ということわざになっています。中国語の場合、「太陽の影が一寸（3センチ）移動する短い時間は、一寸の長さの金と同じほど貴い」という意味になります。

いずれにせよ、時間＝お金という概念は万国共通なのです。

したがって、人に働いてもらって自分の時間を確保できれば、それはお金と同じぐらい尊いことになります。

かといって、従業員を雇うのは「ながら起業」ではかなりの冒険です。売上を継続できるとは限りませんし、人に教えて育てるのはかなりの負担になります。本格的に起業するならそこまでしてもいいと思いますが、「ながら起業」ではなかなか難しいでしょう。

そこで、「エコシステム」を自分でつくるという方法を私は実践しています。

エコシステムは、もともとは生態系を意味する用語です。ビジネスにおいては、複数の企業によって構築された、「製品やサービスを取り巻く共通の収益環境」を意味します。これだけではイメージしづらいですが、要は自分が中心となって、取引先や顧客、事業に投資してくれる人など関係者を巻き込んで事業を発展させていくシステムのことです。

自分がエコシステムの中心になるには、システムの全体を調整し、コントロールする中核プレイヤーにならなければなりません。つまり、オーケストラでいうなら、指揮者になるということです。そのためには、演奏してくれる演奏家を集めなければなりません。

自分のエコシステムのチームをつくるには、外注する相手をつくるのが基本です。

例えば、私が日本人の子供たちに中国語を教えるビジネスを始めるとします。このビジネスでそれなりの収入を得るには生徒数を増やさなくてはなりません。そのためには教室を借りて、一度に数十人の子供に教える。さらに収入を増やすには、講師を何人か雇って教室を広げる――というのが、今までのビジネスのあり方です。これだと教室を借りるための家賃や教材代、講師の人件費などで多大な出費になります。とても「ながら起業」ではやっていけません。

そこで、私ならスカイプを使った子供向けの中国語会話講座を開きます。これなら教える側も教わる側も自宅に居てできるので、コストはほぼゼロ。生徒とオンライン教師を集めるためのサイトをつくり、宣伝するためにはネットの業者に協力を頼むかもしれません。教えることと学ぶことの両方が利用可能なビジネスプラットフォームを構築しておけば、ビジネスができるようになります。そして話題になったら、事業に投資してくれる人が現れるかもしれません。

このように、自分を中心にして生徒や講師、ネットの業者、事業に投資してくれる人などが共存共栄していく仕組みがエコシステムです。

このシステムのポートフォリオを出すためには、エコシステムの仕組みの設計、管理、運営などの中核業務を自分自身で手掛ける必要があります。

「ながら起業」は基本的には個人でやらなければならないので、外部の協力者をたくさんつくって、その人たちと連携しながらビジネスをつくり上げていくのが理想的です。自分なりのエコシステムをうまく設計できれば、自分の労は少なくてもお金が入ってくる、儲かる仕組みができ上がります。

私が「ながら起業」でつくったエコシステム

ここで、私たちのつくったエコシステムをご紹介します。

「ながら起業」でも税理士、弁護士、行政書士などの専門家と直接的なやり取りが必ず発生しますし、諸業者（取引先）とのやり取りも必要です。

これは本業で会社員をしている人なら誰でもある程度対応できるでしょう。本業と違うのは、すべての取引先に自分の目的のためにいかに自分の意思通りに動いてもらえるか、つまりどううまくコントロールするか、という点です。

そこで、私たちは自分たちを中心としたエコシステムをつくったのです。これは、最初からつくろうと考えていたわけではなく、事業をスタートさせるために行動を起こしているうちに、自然とでき上がっていった感じです。

・資金提供者

事業規模が小さく、自分の資金だけで賄えるのなら、必要ありません。

私たちのような不動産投資の場合は、金融機関でローンを組む、つまり融資を受ける必要があります。企業の規模によって銀行、投資会社、政府の中小企業向けの融資政策など、融資を受けられるところは結構ありますので、一カ所で断られたとしても諦めないでください。途中で追加融資をお願いしたり、繰り上げ返済をするなど、コミュニケーションを継続して取らなければならないので、信頼できる担当者や相性のいい担当者を見つけるのが大事だといえます。

場合によっては、クラウドファンディングで資金を募るという方法もあります。

なお、消費者金融のようなノンバンクは金利が高いので、安易に借りないように。利益を出すどころか借金返済に追われるようになります。

・**事業支援者**

法的なアドバイスをする法律事務所、会社経営をサポートする会計事務所、あるいは専門領域の専門家を指します。経営上、これらの専門家のアドバイスは必要不可欠です。

特に問題が発生する前後で弁護士に助言を求めると、数千万円の損失を挽回する可能性もあります。弁護士費用は高いというイメージがありますが、甚大な損害を抑えられるのなら安い出費でしょう。

また、経営マインドのある会計士や税理士は事業の発展を助けてくれるはずです。

・**協力機関**

自分のビジネスに関わるその他のプレイヤーです。業務をアウトソーシングするなら、その相手の個人や業者になります。

何か商品を作るのなら、その材料を提供してくれる企業や製作してくれる企業が当てはまります。人手が必要な事業なら、人材の派遣業者が協力機関となるでしょう。自社のホームページを作ってもらうなら、その業者も協力機関です。

そのほか、事業の規模によっては研究機関の研究成果を取り入れたり、ほかの企業と組んだりするケースも出てくるかもしれません。

・サービス供給者

最終的に自分の商品やサービスをお客さまに提供してくれる人、あるいは業者です。不動産投資の場合は、入居者の募集や入居者との契約は管理会社がしてくれるので、管理会社がこれに当てはまります。

自分で作った商品を販売できるサイトがあるので、そのサイトの運営者もサービス供給者になるでしょう。コンサルタント業の場合は、自分が直接顧客にアドバイスするので、自分がサービス供給者になります。

・情報

これだけ人ではなく「要素」になりますが、エコシステムに取り入れるべきだと思います。なぜなら、情報にも「働いてもらう」必要があるからです。

自社の商品やサービスを広めるためには、情報を拡散させなければなりません。メディアやSNSなどを使って、どのように発信すればいいのかを考えると、少ないコストで情報を広められます。

反対に、情報が集まってくると、新たなビジネスヒントが生まれます。そのため情報をビジネスの協力者としてうまく利用していく必要があるのです。

そして、エコシステムの中心にいる自分は、中核のプレイヤーとしてそれぞれの関係者をコントロールする役割になります。それぞれのプレイヤーがどういった技術、ノウハウ、アイデアを持っているかを把握し、コーディネートすることで利益を生み出す仕組みをつくるのです。

エコシステムに必要な四つのスキル

「ながら起業」で自らエコシステムをつくり、アウトソーシングを発注する側になるためには、いくつか必要なスキルがあります。

1．ブランディング力

ブランディングの本質は、差別化された価値を提供することです。

「あなたがほかの人に提供する価値はなんですか？」

こう聞かれたとき、即答できるでしょうか。この問いは、会社員はあまり考えたことがないかもしれません。

あなたがほかの人と比べて、最も秀でている力はなんでしょうか？

あなたの秀でている力は、他人からの需要はありますか？

さまざまなつながりをコントロールする力はありますか？

この三つの条件がそろえられれば、自分という人間を一つのブランドとして売ることができます。

2．思考力

従来の企業では、私たちの行動習慣は、上司が目標を設定し、部下に任務を与えることでつくられていきます。つまり、我々は「何をやるか」を教えられることに慣れているのです。

しかし、個人のブランドでは、お客さまから「何をやるか」を教えられるのではなく、「何をやるべきか」をお客さまに教えなくてはなりません。そのためには、問題を発見し、問題を定義、分析し、問題を解決する思考力が必要になります。

3. 自己管理能力

「ながら起業」を始めたときに、本業で慣れた仕事モデルはほとんど役に立ちません。それは誰かがつくった仕事モデルであり、「ながら起業」では自分でモデルをつくっていかなくてはならないのです。

何をやるべきか、どう実現していくか、どのようなリソースをどこから調達、どう運用するか、などはすべて自ら決めて管理・運営しなければなりません。

特に多くの専門家たちは「物事」に対応する能力は優れていますが、「人」に対応する能力には欠けています。ですから、環境の変化に対してより効果的にエコシステムの関係者を管理することが大切です。

4．ディープラーニング力

ある分野である程度の知識を学ぶことは難しくないですが、その領域で深く学び続けるのは困難です。今は情報爆発時代であり、現在把握している知識、情報は明日も有効かどうか分かりません。自分の得意分野であっても他人に取って代わられるかもしれませんし、自分が握っている特別な知識はすでに常識になっていることもあり得るでしょう。

それを防ぐには、常に情報を更新し、継続的に自分の知識で価値を創出することが必要です。一生学び続けなければならないのです。

「ながら起業」で利益を生み出すには

どんな事業でも利益を生み出すには、四つの方法があります。

一つ目は売上を上げること、二つ目は生産性を上げること、三つ目はコストダウンすること。この三つはビジネスで利益を生み出す基本中の基本ですが、私はさらに一つの方法を加えました。それは、ＰＤＣＡサイクルを回すことです。

この四つの方法を実践すれば、「ながら起業」で利益を上げることはできるでしょう。

1．売上を上げる

これを実現させるには、既存事業を増やすか、新しい事業を始めるか、となります。

私は二つとも実践しました。投資物件を増やしましたし、太陽光発電の事業に投資するビジネスも始めました。ほかにも、第3章でご紹介した駐車場の貸し出しサービスもやっていますし、今後も事業を増やしていくかもしれません。

ここで事業間の相乗効果のメリットもあります。例えば、自分が所有したマンションの屋上に太陽光発電を導入すれば、その電気を電力会社に売ることで収入を得られます。また、敷地内に自販機を設置すれば、住居者にも便利ですし、自分たちにとっても収入源になります。

2. 生産性を上げる

本業以外に「ながら起業」をやるのは大変ではないか、自分の休む時間はほとんどないのではと思うかもしれませんが、実はそうではありません。エコシステムを効率的に管理するように工夫すれば、たった一人の事業でも生産性を上げることはできます。

夫婦の場合、お互いに自分の得意分野を分担し、対応すれば作業は早く進められます。また、メールやＬＩＮＥなどのＳＮＳを利用して、各利益関係者と連絡グループを作って、何かあったときに情報をすばやく関係者全員に共有し、即対応できるようにすることでも生産性を上げられます。一つひとつの関係先に順番に連絡していたら時間が掛かりますが、一度の報告ですべての関係者とコミュニケーションを取れるようにすると、スムーズに物事を進められます。

私たちの場合は二人ともＩＴのプロですので、エクセルで数字管理（固定資産税、修繕費、管理費など）の通常業務管理、利益分析のシミュレーションや会計システムの導入なども工夫しています。

このように効率の良いエコシステムをつくることで、自分たちの作業の負担を大幅に減らして生産性を上げました。
また前述した家事代行などを活用すれば、家事から解放され、「ながら起業」を集中かつ効率的に行うことができます。

3. コストダウンをする

これは、節税をすることで実現しました。脱税はダメですが、可能な限り支払う税金を抑えることはできます。例えば一つの事業で得た利益をほかの事業に投資することで、節税の効果が得られますし、事業の拡大にもつながります。また複数の事業で、利益と損失が相殺され損失は軽減されます。いずれも税理士の先生と相談しながら、アドバイスをもらったほうが安心でしょう。

また、優遇政策を活用するのもコストダウンにつながる有効的な方法です。国の状況によって、政府が一定的な期間で行う優遇政策があります。例えば東日本大震災後に経産省が太陽光発電事業を促進するため、太陽光発電事業者に対し一括償却や最初の3年間に3分の1の固定資産税の免除などの政策がありました。このような政策をうまく活用できれば、かなりの節税効果が得られます。有益な情報を収集できるよう、普段から留意することが大事です。

金融機関からの融資がある場合、融資の金利を最小限にする工夫は非常に大事です。多くの事業投資は金利で左右されます。特に不動産の場合、数千万、数億単位の融資のため、0・5％の金利差でも返済金の総額は大きく変わります。最も一般的な方法は借り換えです。住宅ローンの借り換えと同じように、別の金融機関に相談して、金利の安いほうに乗り換えることも可能です。

もう一つの方法は、今取引している金融機関と交渉することです。通常、金融機関から提示された金利はそのまま受け入れるしかないと思われがちですが、実は交渉可能です。なぜなら金融機関にとっても、融資は大きな収入源になるからです。

さらに、投資用不動産で効率よく収益を上げるにはどうするかを、仕入れする段階から考える必要があります。

管理会社などに支払う料金をなるべく安く抑えるというのも一つの方法ですが、利回りも考えなくてはなりません。今は、都心の新築マンションの利回りは3％台ですが、郊外や地方の物件は利回りが10％の物件もあります。その理由から、地方の物件へ投資する人も多いのですが、長期的に見ると空室になるリスクが高くなります。

都心は利回りが低くても、場所が良ければ空室になるリスクは低いですし、将来的に売却しやすいという利点もあります。

そういった点を考慮して、私たちは都心の物件に投資することに決めました。

4．PDCAサイクルを回す

「ながら起業」を軌道に乗せるには、PDCAサイクルを回すのが最善策です。

PDCAサイクルは皆さんもご存じだと思いますが、Plan（計画）・Do（実行）・Check（評価）・Action（改善）の四つのステップを繰り返すことで、業務を改善する方法です。

失敗すること自体は問題ありませんが、重要なのは同じ失敗を繰り返さないこと。失敗したときに、自分たちには何も問題がないと反省もせず、人のせいにばかりするのも成長を止める行動です。

PDCAサイクルを回すために必要なのは俯瞰する力です。

俯瞰する力は自分の経験と自分の思考から養うことが可能です。

私たち夫婦は、ずっと一つの企業に勤めていたのではなく、中国の企業、日本の大企業や外資系企業、コンサルタント会社やITベンダー（製造元）と、さまざまな会社に勤めてきました。その影響もあって、「外側からの視点」が自然と養えたのかもしれません。

日本の大企業は伝統やルールをしっかり守り、信頼度やサービスの品質が高い反面、スピードが遅い、融通が利かないなどの傾向があります。

一方、中小ベンダー企業はスピード感があり、融通が利きやすく、柔軟性がありますが、何かあったときのリスクも高いという側面があります。

外資系企業は双方のいいとこ取り、すなわち各社ごとに確立されたルールのもとで、スピード感や柔軟性をもって仕事ができます（その反面、人材の多様性という面では意外に日本企業にも劣る所があり、合わない人にとってはとことん合わなかったりもしますが……）。

このようにほかの業界や業種との比較をするうちに俯瞰する力は磨かれていきます。

それを考えると、やはり会社の外にどれだけ世界を広げられるかが、俯瞰する力を持てるかどうかのカギのように感じます。

私は例えば、ニュースを聞く場合、日本のマスコミの報道だけではなく、アメリカの英語の報道や、中国の中国語の報道なども聞くようにしています。同じ事件に対しても記事の書き方や、物事のとらえ方、そして導いた観点は全く違うので、非常に面白く興味深いです。そのようにしていれば、それぞれ立場や、価値観が違うので、物事の全貌が見えてくるはずです。もし自分がその立場ならそう思うかもと思うときもよくありますので、俯瞰する力を養ういいトレーニングになるかもしれません。

軌道に乗れば事業の拡大や海外進出も可能になる

不動産投資を始めてしばらく経った頃、「日本だけで事業をするのはリスクが高いのでは？」と考えるようになりました。

日本は地震が多い国なので、いつまた、東日本大震災のような大地震が起きるか分かりません。もし投資している不動産が被害に遭ったら、莫大な損失を負うことになります。

さらに、リスク分散も考えなくてはなりません。投資の世界では投資先を一つに集中させるより、複数に分散させるとリスクが減るというのは常識です。

しかし、国内だけで、例えば都心と地方の物件に分散して投資しても、地震が多く景気もいいとは言えない日本では、リスク分散にならないだろうと感じました。

そこで、海外の不動産に目を向けるようになったのです。

ちょうどその頃、税理士の先生からアメリカの不動産投資のセミナーに参加してみないかと誘われました。その税理士の先生はアメリカの税理士の資格も持っていて、アメリカの不動産に関係する税務についても詳しいのです。

そのセミナーに出てみると、アメリカの不動産市場はサブプライムローン問題の頃に大打撃を受けましたが、今は不動産価格が上昇に転じているのだと分かりました。地域によっては1年間で10%以上も価格が上昇しているところもあり、それ以外のところも5%前後で上昇しているのです。

日本では不動産は新築の状態がいちばん価値が高く、建築年数が経つにつれ、どんどん資産価値は目減りしていきます。しかも、一度マイホームを建てたら、一生そこに住み続ける傾向にあります。

しかし、アメリカでは頻繁に引っ越しするのが当たり前なので、中古市場が活発なのです。中古であってもリフォームさえしっかりしていれば、資産価値が下がるということはありません。築100年の物件も多くあります。

さらに、アメリカはトランプ大統領がメキシコとの国境に壁をつくって不法移民を締め出そうとはしていますが、今後もさまざまな国から人が集まってくる点は変わらないでしょう。ですから、少子高齢化が進む日本よりは未来があるとも考えられます。

そういった話を聞いているうちに、アメリカで不動産投資をしてみようという気持ちが固まっていったのです。

とはいえ、実際にアメリカの不動産の状況を見ないことには始まりません。

そこで、夫婦でテキサスまで視察に行きました。

テキサスというと田舎の地域というイメージがありますが、最近ではトヨタ自動車のアメリカ本社がダラスの近くの街に移転していますし、シェールガスが産出されて新たな雇用が生まれ、人口が増えています。観光がてら、さまざまな地域を巡って、これからも人口が増えて景気が良くなっていくのではないかと実感しました。

現地の不動産業者を紹介してもらい、さまざまな物件を見学してきました。私たち夫婦はそれほど英語が話せないのですが、日本のコンサルティング会社を挟んでやりとりするより、話が早いだろうと思ったのです。結果的には、何とかやりとりできました。

アメリカに行く前に現地の情報を収集し、ジェトロ（日本貿易振興機構）によるテキサスのレポートを読んで、英語での不動産の専門用語も調べておいたので、何とか会話が成り立ったのです。

ただし、アメリカで不動産を購入するにはアメリカの銀行で口座を開かなくてはなりません。アメリカのＩＤを持っていないので、どうすればいいのかと尋ねると、アメリカに住んでいない外国人でも簡単に口座を開けると不動産業者が教えてくれました。

さらに、「友達を紹介するので、彼に詳しい話を聞いてください」と紹介してもらい、その友人に会うとどこの銀行で何を聞けばいいのかを教えてくれたのです。

指定された銀行に行くと、事業用口座を開設したいのならアメリカに支店が必要だと教えられ、アメリカにどのように私たちの企業の支店をつくればいいのかもレクチャーしてもらえました。

そのように、いざ行動を起こしてみるととんとん拍子に話が進んで、アメリカで不動産投資をスタートできたのです。

海外の不動産のことなんて分からないし、英語もそれほどできないし、と最初は不安もあったのですが、行動してみるとなんとかなるのだと実感しました。何よりも現地の人と直接コミュニケーションを取り、現地の物件を直接自分の目で確認し、そして現地の環境を実際に体感することはとても大事です。

またエコシステムの発想も日本と同じく活用可能です。利益関係者に海外の関係者が加わるだけなので、国内と同じようにコントロールしていくことが必要です。

「ながら起業」をスタートしたときは、私たちもまさか海外で不動産投資をすることになるとは思ってもみませんでした。

事業が発展していくと、自然と「次は、あれはどうだろう」「あんな事業もいいのではないか」と、アイデアが生まれてくるのです。そのアイデアを思い付いた直感を信じて行動してみると、次のチャンスが実を結びます。

もちろん、私たちはたまたま海外のビジネスに結び付いただけですので、国内の活動に終始するケースが大半だと思います。それでも続けているうちに、一つのビジネスから次々に新たなビジネスが派生していくでしょう。

そうやって、「ながら起業」は成長するものなのです。

「小さい失敗」で慣らしていく

「ながら起業」で失敗しないためにはどうすればいいのでしょうか。

あらかじめお伝えしておきますが、おそらく失敗しないということはありません。私たちも何回か失敗しています。

第3章でお話しした太陽光発電の事業の投資で、私たちは決して少なくない損失を出しています。太陽光発電の固定価格買い取り制度がスタートした頃、「太陽光発電は今後、さらに成長していく産業に違いない」と考えていました。これは東日本大震災後に電力の補充のため国が始めた政策ですし、中国でも太陽光発電事業は活発で、世界的に自然エネルギーにシフトしているという背景があったからです。

しかし、実際には原発の再稼働が次々に決まり、私たちが投資していたうちの一つの発電所は国の太陽光発電の総量制限のため、電力事業者との接続許可がなかなか下りず、売電開始がどんどん先延ばしとなりました。そのうちに先行きに不安を感じた投資家が次々と解約する事態となり、結局、発電設備の先行投資分の支払いと解約返戻金の負担が一気にのしかかった太陽光事業者はその後1年も経たないうちに破産となりました。これは私たちにとっても予想外のことでした。まさか国の政策なのに、わずか2~3年間施行されただけで破産するとは思ってもみなかったのです。

日本でもよく使われる「朝令暮改」は、もともとは中国から来た言葉です。中国では朝令暮改は珍しくありませんが、まさか日本でもあるなんてと、驚くばかりでした。

この失敗による私たちの損失は、勉強代だったと簡単には割り切れないほどの高い金額でした。当初は不慣れな業界なので失敗しながら学んでいくしかないと、腹をくっていたつもりでしたが、私たちの想定を超える事態であったため精神的なダメージは思いのほか大きかったです。

よほど商才がある人なら、失敗することなく成功体験を積み重ねていけるのかもしれません。しかし、私たちもそうですが、多くの人は商才があるというわけではありません。誰でもミスをするでしょうし、トラブルに巻き込まれるでしょう。

したがって、失敗を積み重ねることで経験や知見を得て成長していくしかないのだと思います。

そもそも、失敗は成功するまで続ければ成功になる、失敗したところで止めるから失敗になるのだと、松下幸之助さんも言っています。その言葉通りで、失敗するのは当たり前。成功するまで何回もやり直せばいいだけなのです。

もしまだ失敗したくないのなら、何もしないという選択をするしかありません。何もしなければリスクはゼロです。しかし、安全地帯にいる限り、なんの利益も得られません。機会損失も一つのリスクなのだと自覚すべきでしょう。

ただ、大きな失敗を避けることはある程度はできるはずです。

私たちの場合、振り返ってみると、通常は新規事業の参入やM＆Aの際に、対象企業のデューデリジェンスを行うべきでしたが、それをしませんでした。調査をしておけば、太陽光発電事業者の与信度の低さや財務状況の不良などの状況を把握でき、投資しなかったかもしれません。これは本業ではよく注意しているところですが、「ながら起業」ではつい甘くなってしまいました。

そういう学びも、失敗から得られるものです。

理想としては、小さい失敗にとどめること。小さい失敗をしながら、「次はこうやってみよう」「次回は気をつけよう」とＰＤＣＡサイクルを回していたら、大きな失敗を招かないよう対処できるのです。

小さい失敗は大きな失敗を防ぐためのレッスンだと思って、向き合いましょう。

中国では「退一歩海闊天空、忍一时风平浪静」ということわざがあります。これは「一歩引き下がれば世界が広々と開ける。嵐も少し我慢すれば静かになる」という意味です。

言い換えれば、「前進するだけでなく後退したほうが視野が広くなり、何かあったときに人を許すようになり、寛容になったほうが事態は好転する」という考え方です。

「ながら起業」のなかで行き詰まったら、いったん原点に戻って違う道を探しましょう。道は一本だけではありませんから。

「以退為進」、前進するためにひとまず後退するのも一つのポジティブな考え方です。「ながら起業」をやっているうちにいろいろなやり取りのなかで、状況に応じて条件を下げたり、利益を譲ったり、必要であれば頭を下げる場合などが出てきます。目の前の利益だけではなく、長期的な目で物事を判断していくようにしてください。

そういった経験は、もちろん本業でも、そしてプライベートでも必ず役に立ちます。

専門家の上手な探し方・付き合い方

本業で取引先や顧客とやりとりをしているなら、アウトソーシングする際もそれほど戸惑うことはありません。普段通りに発注したり、指示を出して業務を遂行してもらえばいいだけです。違いは、自分で相手に支払う料金を決めることぐらいでしょう。

おそらく本業でも体験していないのは、司法書士や税理士、会計士、弁護士、銀行員といった専門家の選び方、付き合い方です。

私たちも「ながら起業」を始めてみてから分かったのですが、それぞれの専門家には、得意とする専門分野があります。

太陽光発電の投資で事業者が倒産したとき、少しでも投資したお金を回収できないかと弁護士に相談しました。ネットで探して「ここなら任せても大丈夫そうだ」という弁護士事務所を見つけたのですが、実はそこは過払い金や離婚訴訟など個人のトラブルが専門で、業者同士のトラブルについては専門外だったのです。

専門外であることには触れずに引き受けて、相手の業者に対しては内容証明を1、2回送って終わりでした。倒産した事業者に対して内容証明を送っても、相手には払える資金がないので、なんの意味もありません。結局、別の弁護士事務所を探して依頼し直したのですが、タイミングが遅すぎて投資したお金を全然回収できなかったのです。

新たにお願いした弁護士からは、「もっと早く依頼をしていただいていれば、相手の財産をすぐに差し押さえる手続きが取れましたよ」と言われ、弁護士の選び方を間違っていたと後悔しました。

専門家の選び方を間違えると時間とお金がムダになるので、依頼する相手は用心に用心を重ねて選ばなければならないのだと、よく分かった経験でした。

できれば、トラブルが起きる前から信頼できる弁護士事務所を探しておくのがベストです。毎月、顧問料を支払うのは厳しいと思うかもしれませんが、最近は月に数万円の顧問料で済むプランを用意している事務所もあります。取引業者との契約も任せられますし、何より転ばぬ先の杖としていいパートナーになってくれるでしょう。事業を始めたら思わぬトラブルが起きるものなので、早い段階で弁護士は見つけておいたほうがいいと思います。


税理士や会計士も、ただ財務諸表を作ってくれたり、税務署に申告する手伝いをしてくれるだけの事務所もあれば、経営に関するアドバイスをしてくれる事務所もあります。

選ぶ際は、やはり経営のアドバイスをしてくれるような事務所を選ぶべきです。

節税対策の指導もしてくれるのはもちろんのこと、売上が1000万円以上出て課税事業者になったときは3年後に消費税を納付しなくてはならないので、どんな準備をしておけばいいのか、といったアドバイスも必要です。事業を広げたいときには税金面でどのような優遇政策があるのかも、知っておかなくてはなりません。

あるいは、事業のすべてのお金の流れを把握して、「ここのコストはもっと抑えられる」「売上を増やすには、ここにお金をかけたほうがいいのでは」といったコンサルタント的なことをしてもらえると、なおありがたいでしょう。

税理士にも専門があり、不動産専門の税理士もいれば、相続や資産管理専門の税理士もいます。日本は税金関係が複雑なので、何も知らない素人が対応できる分野ではないと思います。やはり餅は餅屋で、専門家に任せるべきです。


金融機関については、マイホームを買ったことがある方は、銀行のローンの担当者とやりとりした経験があるでしょう。

「ながら起業」の場合、個人ではなく、法人の融資担当の銀行員とやりとりすることになります。これは、中小企業やベンチャー企業への融資を積極的に行っている銀行を調べて、「こういうビジネスをしたいのですが、融資してもらえますか」と聞いて回るしかないでしょう。信用金庫のほうが、中小企業やベンチャー企業の融資には積極的な傾向があります。また一部の地銀は個人向け融資を受けやすい傾向はありますが、金利が高いので要注意です。

私たちは不動産を販売している業者経由で銀行を紹介してもらいました。

最初は、「夫婦二人の事業に何億も貸してくれないだろう」と思っていたのですが、担保にする不動産（自宅）があり、定期的な収入（私の本業での収入）があると分かったら、すんなり話はまとまりました。

しかし、そこは金利が高かったので、もっと安い金利で借りられる銀行を自分たちで探して借り換えることにしました。結果的に、その決断は正しかったようで、利益が一気に増えたのです。

その経験から、銀行はお金を貸すのが商売だけれども、借り手のメリットをきちんと考えてくれる銀行を選ぶべきだと学びました。

その後、利益が出てからは担保を外す交渉や、利率を下げてもらう交渉もして、今は自分たちのリスクを最小限に抑えて最大の利益を出せるようになりました。

担当者との相性も大事です。新たに契約を結んだ銀行で最初に私たちの担当になったのは20代の若手銀行員で、私たちの提案に対して親身になってくれて、普通だったら拒まれるような提案も通してくれました。そういう熱意のある担当者だと、利益をより多く出せるようになるので、あまり熱意のない担当者なら、銀行を変えたほうがいいかもしれません。

どの専門家に任せるにしても、レスポンスが早いというのは、一つの判断基準にできます。

例えば、最初に相談メールを送って、その日か翌日ぐらいに返事が来るのならいいでしょう。さらに、その週のうちに30分でも会う時間を取ってもらえるのなら、頼りになると思います。

メールのレスポンスが来るまでに4、5日かかり、「時間が取れないので、面談は来週か再来週でもいいですか?」と言うような専門家は、あまりあてにならないと考えられます。そのスピード感で仕事をしているのなら、何か困ったことが起きたときにすぐ相談しようとしても、「来週までお待ちください」となるかもしれません。

スピードは何にも勝るというのは結構当たっていると感じています。

とはいえ、完璧な専門家に最初から巡り会える確率は低いと思っておいてください。私たちも、いくつもの事務所や銀行とやりとりをしながら、「ここがいい」という相手を見つけられたのです。やはり、自分で実際にコミュニケーションを取りながらやってみないと、分からない部分は多々あります。

一つ言えるのは、相手に不安や不満を感じたら、すぐに契約を打ち切ること。そこで、「でも、相手は専門家だし」「契約を打ち切ったら怒られるかも」などとズルズルと引き延ばしたら、自分に損害が及びます。

逆に言えば、自分には合わないと感じたビジネスパートナーとの契約を打ち切ることができるのも「ながら起業」ならではのメリットです。会社員であれば、仕事を進める上でたとえ自社と長期的に協業しているビジネスパートナーとうまくいかなくても、会社同士の関係性、前任者からの付き合い等によるしがらみから、一担当者として簡単に関係を清算できず、極端な話、会社にも有形無形の損失が及ぶと分かっていてもズルズルと付き合ってしまうということもあり得るでしょう。その点、自分にとっての利害だけで割り切れる「ながら起業」は　そういったしがらみとは構造上無縁なのです。

また、信頼できる知人や業者から紹介してもらうことも、いい専門家と出会うチャンスとなります。それでも、セカンドオピニオンではありませんが、1社とだけ面談して決めるより、2、3社と会ってから決めるほうが、より安全だと思います。

軌道に乗ったら「起業」を視野に入れる

「ながら起業」がもし一定の規模になったら、次のステージをどうするかを考えるべきです。

もちろん、このまま「ながら起業」としてずっと継続していくのもアリです。趣味の延長上で始めたのなら、そのまま趣味の範囲内でとどめてもまったく問題ありません。将来の老後資金を貯めるために始めたのなら、「ながら起業」のままで十分でしょう。あるいは本業が好きで今後とも続けたいなら、無理する必要はありません。

私自身は、いずれ本格的に起業したいと考えています。

主人はすでに独立しているので、私も独立して自分たちの事業に専念する日が、近い将来に来るのだろうと思います。

いずれ完全に独立して本業にする場合、経営者になる覚悟が必要です。

自分だけではなく、従業員を雇うなら、従業員と、その家族までを含めて責任を持たなくてはなりませんし、社会的責任なども必要になってきます。一方で、従業員を雇わず、すべてアウトソーシングして事業を回す方法もあります。

いずれにせよ、本格的に起業したなら、その事業を継続し、発展させ続けなくてはなりません。「ながら起業」と一番大きく違う点はそこでしょう。

「ながら起業」なら、細々とでも続けていければいいので事業はそこそこ広げられれば十分ですし、行き詰まったら辞めて本業に集中することもできます。

起業は本業という退路を断っているので、事業に失敗しても戻る場所はありません。さらに、企業は常に成長させ続けないと、あっという間に衰退していきます。だから、「そこそこ稼げればいい」などと甘い考えではやっていけないのです。

それでも、私は最終的には独立したいという考えは、「ながら起業」を始めたときから変わりません。

やはり、小さな城でも一国一城の主になりたいからです。自分で育てた事業で、自分でつくり上げたエコシステムで、自分にしかできない生き方をしたい。それでこそ、自分の人生を生きているのだと言えるのです。

皆さんは、自分の本心に基づき、自分は何を求めているのかをよく考え、無謀な決断はしないようにしてください。

出口戦略を考えるより、まず行動に移す

私たち夫婦には、不動産投資をしている友人が何人かいます。

お互いに「ここの業者の物件は良かった」「この地域の物件は買いかもしれない」などと情報交換し合う仲です。

そのうちの一人が、非常に慎重な性格で、いつも話を聞きながら、「でも入居者がすぐに見つからなかったらどうするの？」「今はいいけど、何十年も入居者を確保するのは難しいんじゃない？」といった具合に、問題点ばかりを口にします。

彼の口癖は、「出口戦略を考えなきゃダメだ」。

彼にとっての出口戦略とは、何年間の投資でいくらの利益を得たら、それでさらに新しい不動産を買い、さらに利益を出すといった緻密な計画です。その計画を実現させるには、慎重に物件を選ばなければならないのだと、会うたびに話していました。

その話をしていたのは5年ぐらい前です。その間に私たち夫婦は不動産投資で利益を出せるようになり、ほかの友人は既に最初の投資用マンションを売却して、さらにいい物件で運用していたり、私たち以上の利益を出している人もいます。

彼はまだ入り口に入ってない段階なのに、ほかのメンバーはみないったん出口から出て、新たな入り口を見つけて入っている状況なのです。それでも、彼はまだ入り口に入ろうとしていません。

「ながら起業」を始めるとき、「物事を深く考えすぎない」のが大事です。

日本人は慎重な方が多いので、「リスクはどれぐらいあるのか」「うまくいかなかったらどうなるのか」と、ネガティブなことばかり考えて、事業計画書を丁寧に作っている方もいます。

慎重に考えた結果、行動に移すのならいいと思います。しかし、慎重に考えた結果、行動を起こさないほうを選ぶ方がほとんどではないでしょうか。

それだとリスクはゼロかもしれませんが、検討に充てた時間はムダになります。さらに、行動に移さなければ何も生み出しません。もしかしたらそのビジネスは成功したかもしれないのに、チャンスをムダにしたことにもなります。

私は、悩んでいるぐらいなら行動を起こすべきだと思います。

日本企業は新しいビジネスを始める前に慎重すぎて、そのビジネスの将来性よりリスクを中心に議論する傾向があります。長い時間を掛けて調査したり、ビジネスプランを作ったり、繰り返し社内レビューしたり、煩雑な手続きなどをいろいろしているうちに結局一番いいタイミングでの進出を逃してしまって、断念せざるを得なくなるのです。

ホリエモンこと堀江貴文氏は「考えたら負けの時代が来る」と言っています。

「見切り発車でいい。成功は思考ではなく速さで決まる」という考え方は、まさにその通りだと思います。

もちろん、「ながら起業」でもある程度のプランは事前に立てておくことは必要です。しかし、60％ぐらい固めたら、もう行動を起こしたほうがいいでしょう。

不動産投資なら実際に物件を探して回ったり、管理会社を探すなど、いくらでもやらなければならないことがあります。それらを一つひとつ実行しているうちに、いつのまにかスタートしていたというのが理想かもしれません。小さい行動でも起こすのが第一歩です。

学歴や知識、コミュニケーション力がある程度あれば経営者にはなれますが、ただ一つ、行動力がないと成功できません。「ながら起業」で経営者になったら、突っ走る行動力が成功を引き寄せるのです。

今やろうとしていることは、今が一番の好機なのかもしれません。いいタイミングでスタートすると、「事半功倍」（少しの努力で大きな結果が出る）効果があります。

例えば、東日本大震災のあとに不動産市場は底を打ち、物件を購入するにはいいタイミングでした。

日本は少子高齢化が進んでいて、家あまり現象が起きていると言われていますが、場所によってはまだまだ需要があります。豊洲周辺の地域は築地市場が移転する前から大規模マンションの建設ラッシュが起き、人口が急増して小学校が足りない状況になっています。

そのような今後発展する地域を探して投資すれば、今の日本でも十分にチャンスはあるということです。

しかし、そこで「すでに供給過多かもしれないから、しばらく様子を見よう」などと思っていたら、ますますチャンスが少なくなってしまいます。ですので、「これはいいんじゃないか」と感じたら、その直感を信じて行動に移すことが大事です。

そもそも、ポジティブな考え方は「ながら起業」だけではなく、本業や普段の生活の対人関係で、失敗やつらいことがあったときも自分を助けてくれます。

何があっても「なんとかなるだろう」と落ち込みすぎないように前向きにとらえていれば、たいていはなんとかなるというのが、私の考えです。

コラム④ 中国では女性の出世は当たり前

私が中国出張に行く際に国有企業でも民間企業でも出てくるビジネス相手は女性が多い印象があります。中国企業とビジネスをした経験のある人は、だいたいそのような印象を受けるでしょう。

たとえ男性主導のIT業界でも女性が重要なポジションでバリバリ仕事している姿はしょっちゅう見られます。

「人民網日本語版」の記事によると、中国人材紹介企業大手「瀚納仕」(Hays)の調査では、アジアで女性管理職の比率が最も高いのは中国大陸とマレーシアで、いずれも35%だったそうです。第3位は香港で33%、第4位はシンガポールの31%でした。

中国の女性管理職の比率は過去5年間連続でアジアトップでした。もともと、中国では女性が働くのは当たり前で、結婚しても共働きになるのはごく普通の話です。私の両親も共働きでしたし、夫は妻が専業主婦だとむしろ恥ずかしいと考えるような風潮があります。ですので、妻のほうがいい会社に勤めていても、堂々と自慢します。

中国では日本のように家事の分担を巡って夫婦で揉めることも、ほとんどありません。男性も普通に家事ができるので、妻が忙しいときは料理を作って、子供たちの世話をします。

そういう背景もあり、中国では外食文化が盛んで、朝食も外の屋台で済ませる家庭は少なくありません。日本では妻が料理をせずに外食ばかりだと非難を浴びるので、気の毒に感じます。

さらに、中国では女性に経済的な自立を求めています。夫の稼ぎに頼るのではなく、自分の稼ぎだけで生活できるぐらいに稼ぐ能力が求められているのです。

私が本業以外に「ながら起業」をスタートさせたのも、そういう考えが染み付いているからかもしれません。

一方、日本の女性管理職の比率は22%。帝国データバンクの調査によると、日本では企業の約半数に女性の管理職がいないという現実もあります。日本では、まだまだ女性が役職に就くのは一般的ではないのです。

ただし、中国のほうが男女平等が進んでいるというわけでもありません。世界経済フォーラムが発表している「世界男女格差ランキング2018」によると、日本は110位で中国は103位。それほど大差はないのです。

日本は読み書き能力や初等・中等教育、出生率の分野では男女間に差は見られないので世界1位です。一方で、大学教育や社会に出てからの待遇に男女差があるので、ランクが低くなるのです。よく言われていますが、国会議員に占める女性の割合は、日本は圧倒的に低くなります。

対して、中国では初等・中等教育や出生率、平均余命などは男女差があるのでランクが低く、高等教育や教授・専門職では男女平等とされ、世界1位になっています。どちらの国もいい部分もあれば、悪い部分もあるということです。

今後、日本はますます少子化が進んでいくので、その分女性が世の中に出ていくしかなくなっていくでしょう。それほど遠くない将来、社会に出てからの女性の待遇も自然に解消されていくかもしれません。

［第5章］

今こそしがみつき社員からの脱出を！会社に頼らずとも充実したキャリアを築ける時代が来た

あなたのしがみつき度は

今までの章で、日本でなぜしがみつき社員が多いのか、そこから抜け出すにはどうすればいいのかについてお話ししてきました。

最後に改めて、どのようにしがみつき社員、しがみつき思考から脱却すればいいのかを考えてみたいと思います。

まずは、しがみつき度をチェックするために、次の質問にイエスかノーで答えてみてください。

1. 今の会社で定年まで働きたい
2. 有給休暇を取るのは気が引ける
3. 毎日、深夜までサービス残業している
4. 熱が出ても出勤したことがある
5. 上司より先に帰るなんて信じられない

6. 上司の理不尽な指示にも笑顔で応える
7. 土曜は元気だけれども、日曜の夜は憂鬱になる
8. 休日でも電話やメールの対応はする
9. 仕事以外にやりたいことがない
10. 転職を何回もする人は性格に問題がある

・イエスが0〜3個

しがみつき社員の要素はほぼゼロです。会社から精神的に自立しているので、たとえ社内で浮いていても、染まらないままでいてください。「ながら起業」をすぐに始められますし、本格的な起業にも向いています。

・イエスが4〜6個

しがみつき社員になりかけている、危険な状態です。今ならまだ間に合います。完全にしがみつき社員になってしまう前に会社との距離を取るようにしてください。

・イエスが7～10個

すがすがしいほどの、しがみつき社員です。自覚症状があるならまだ希望はありますが、自覚症状がないなら、いっそ定年まで会社にしがみついていたほうがいいかもしれません。

今は政府主導の働き方改革によって、企業も社員に対して生産性を上げるセミナーを開催したり、ノー残業デーを設けるなど制度面を変えるさまざまな工夫をしています。

しかし、これらの方法は中国語で言うところの「治标不治本」、場当たり的に対処しているだけで、根本的な問題は治ってないと思うのです。

企業が残業を禁止しても、会社の近くの喫茶店に移動して仕事を続けたり、タイムカードを押した後で仕事をしている人も見かけます。実際に一人では抱えきれないほど仕事量が多いケースもありますが、残業して仕事をこなすのに慣れてしまい、効率よく仕事を進めようという意識になれない人は少なくないでしょう。これはしがみつき思考の典型です。

働き方は、本当に変えられないものでしょうか。

残業を禁止しても自主的に残業している人は、「残業はなくならない」「上司に仕事を減らしてほしいと言ってもムダ」と諦めてしまっていませんか？

組織での仕事は一人が抜けたところでなんの影響もなく回っていくものです。

ですので、「自分がやらなければいけない」とすべての責任を背負い込む必要はありません。どうしても一人では対応できない仕事量なら、「ここまでしかできません」とハッキリ上司に言えば済むことです。仕事の量を減らすか、人員を増やすかは上司が決めるでしょう。

「そんなことを言ったら立場が悪くなるのでは」と思うかもしれませんが、まだ当分、日本では正社員を簡単には解雇できないようですから、そこまで恐れる必要はないように感じます。

もちろん、普段の業務で成果を出していないとなかなか耳を傾けてもらえませんが、できないことをできないと言うだけで、しがみつき社員から抜け出すスタートラインに立てます。

まずは、周りがみな残業をしていても、自分は定時で上がる。そのためには現状の仕事のやり方を自分で工夫して変えて、決められた仕事の量を定時までにきっちり済ませる、というところから行動を変えてみてください。

「ながら起業」でルールをつくる人になる

この世界には2種類の人間がいます。

一つはルールをつくる人、もう一つはルールに従う人です。

そして力を持っているのはルールをつくる人です。

これは昔から言われていましたが、日本人がオリンピックで金メダルを取ると、すぐにそのスポーツはルールが改正され、日本人には不利なルールになる傾向があります。

柔道ももともとは日本発祥の武道だったのにもかかわらず、今や完全に「judo」です。カラー柔道着が導入されたのはその象徴的な例でしょう。襟やそで口が伸びる素材の道着の着用を許されたので、日本人選手が体を引きつけて技をかけようとしてもしづらくなりました。

また、日本は伝統的に一本勝ちを狙いにいきますが、世界の潮流はポイントを取って勝ちにいくスタイルになり、日本勢が金メダルを全然取れなかった大会もありました。

それでも、新たなルールになんとか対応し、再び勝てるようになる日本のスポーツ界はやはり優れているのだと思います。

スポーツだけではありません。ビジネスの世界でもルールをつくるのは主に欧米で、日本はそれに従うのが基本です。

日本の半導体の製品は80年代には世界一のシェアを誇っているものがありました。それが面白くなかったのがアメリカです。日米半導体協定で「外国製の半導体の国内シェアを20%以上にしろ」と要求したり、日本のパソコンやテレビなどに対して関税を100%に引き上げる措置をとり、日本は失速していったのです。

海外に行くとレストランやマッサージなどのサービス業で働いているのは、主にアジア人です。白人がサービス業で働いている姿をほとんど見かけません。そういう光景を見ていると、ルールをつくる人がいちばん強いのだと実感します。

金融や為替でも基軸通貨はドルというルールがありますし、著作権もTPP（環太平洋連携協定）の発効によって50年から70年に変更になりました。世界のルールはほぼ白人によってつくられているようなものです。

一方、アジア人はルールをつくる力が弱いと感じます。だから世界でもなかなか主導権を握れないのです。

私はコンサルティング会社に勤めているときにそれを痛感し、世界のルールをつくることはできなくても、自分はルールに従う側ではなく、つくる側にいないといけないと考えるようになりました。だから本業をやりながら、「ながら起業」でお金が生まれるような仕組みをつくったのです。

「ながら起業」なら、自分で自由にルールをつくれます。人がつくったルールに従う人生から抜け出すためにも、ルールをつくる側に回ってみてはいかがでしょうか。

管理次第で時間はつくれる

「忙しいから時間がない」というのは、日本人が何かをしたくてもできない理由に必ず挙げられます。

「ながら起業」を始めたいと思っても、本業が忙しくて時間がないという方もいるでしょう。

しかし、本当に時間はないのでしょうか?

毎日残業をしているのなら、その時間を減らすことは本当にできないのでしょうか?

家に帰ってからボーっとテレビやネットを観ていたりしないのでしょうか?

休日も本業の仕事で忙しいのでしょうか?

よほどのブラック企業で働いていない限り、これらの問いにイエスと答える人はそれほど多くはないのでは、と思います。

すべては優先順位の付け方次第です。

少々厳しい意見になりますが、「時間がなくてできない」と思っている方には、「ながら起業」は向いてないかもしれません。時間がないと思うのは、「ながら起業」の優先順位がまだ低いのでしょう。

会社員は、勤務時間内は本業の仕事に携わりますが、それ以外はすべてプライベートな時間です。極端な言い方をすれば1日8時間プラスαの勤務時間以外は、すべて「ながら起業」に充てられるということです。

私は、「ながら起業」をするうえで時間がたくさんあるかどうかは、それほど重要ではないと思っています。

「ながら起業」を成功させるには、「自分はこういう生き方をしたい」という意志のほうが大事です。強い意志があれば、自然と時間をやりくりするようになりますし、優先順位が上がって短い時間の中でも「ながら起業」をできるように工夫をするようになるものです。

ですので、「ながら起業の時間管理を教えてほしい」と思うのなら、動機が弱いのかな、と思います。

会社員の仕事の場合は、時間管理が重要です。上司に指示された仕事を、「今日中に」「今週中に」など期限を設定して、その期限内に終わらせなくてはなりません。

一方、「ながら起業」の場合は、自分だけの仕事ですから、何もかも全部自分で決めます。要するに、自分で目標を設定して、その目標を達成するには、いつまでに何をやるか、どんな方法でやるかなどを決める。そういう意味で、「ながら起業」で大切なことは時間管理よりも、むしろ目標管理と自己管理です。

ビジネスを立ち上げようとするときには、さまざまなリソースを使います。お金、人、設備などの物的リソースと、スキル、ノウハウ、アイデア、行動力などの知的リソース。持っているリソースは、一人ひとり違います。

しかし、一つだけ誰もが平等に使えるリソースがあります。それが「時間」です。ビジネスでは、最短で最大の成果を上げるために、リソースの使い方を工夫するという発想が不可欠です。時間をどう管理するかではなく、時間というリソースをどう使いこなすかを考えなくてはなりません。

では、ビジネスには、どんな時間が必要でしょうか？

それは、「何をするかを考える時間」と「考えたことを実行する時間」です。大きく分ければ、この二つしかありません。

この二つのうち、時間管理に関わるのは「何をするかを考える時間」です。

何をどうするかというビジネスプランを、まず頭の中で整理します。考えがうまく整理できたら、次は紙に書いたり、資料を作ったりします。これが「何をするかを考える時間」です。

考えたことを実行するときにも時間管理は必要ですが、大事なのはその前の段階です。

本業でルーティンワークを行うだけで改善を考えない人や、やるべきことが分からないときに誰かに指示を仰ぐ人は、自分自身で「何をするか」を考えていないので、時間を管理しているとは言えません。与えられた仕事に優先順位を付けているだけの人も、時間管理をしているとは言えないでしょう。

本業で、「この仕事をもっと効率よくこなすにはどうすべきか」「ムダな時間をなくすにはどうすべきか」と日頃から考えている人は、時間管理ができています。

「忙しい」が口癖の人は、こういったことを考える時間がないと思い込んでいる節があります。どんなに忙しくても立ち止まって、「何をするかを考える時間」をつくれる人なら、「ながら起業」でも時間管理はできるでしょう。

さらに「考えたことを実行する時間」がなければ、「ながら起業」はスタートできません。考えるだけで実行しなければ、永遠にアイデアのまま、永遠に紙の上のプランのままです。

土日しか時間が取れないなら、その2日間で行動すればいいですし、第4章で紹介したエコシステムをつくれば、自分が動かずに人に行動してもらうこともできます。

まずは自分が自由に使える時間を洗い出してみればいいのではないでしょうか。

営業を掛けたいのに平日の日中の時間が取れないなら、営業の代行を引き受けている業者に頼むという方法があります。今は、たいていの仕事は代行できますし、クラウドソーシングで募ることもできます。それも自分にとっての「考えたことを実行する時間」になるでしょう。

ただし、時間管理の本質は、やはり何をビジネスにするかという考え方です。その考え方次第で、投資したリソースに対して最大のアウトプットが出せるようになるのです。そうすれば、時間管理もうまくできるようになります。

時間に追われることなく、楽しんでビジネスができて、なおかつ継続的にお金が入ってくれれば最高です。

「デザイン思考」を養おう

この本では私が考えた「ながら起業」についてお話ししてきましたが、「ながら起業」とは一言で言うと「ビジネスをデザインする」ということかもしれません。

デザインには、「目的をもって具体的に立案・設計すること」という意味が含まれています。「ながら起業」は会社組織からの自立や将来のお金を稼ぐという目的のために、ビジネスプランを立てて、エコシステムを設計するので、まさしくデザインです。

近年、ビジネスにおける「デザイン思考（Design Thinking）」が話題になっています。デザイン思考とは、ノーベル経済学賞受賞者でもあるハーバード・サイモン教授が1996年に発表した、『システムの科学（The Sciences of the Artificial）』の中で提唱された理論が基になっています。

要約すると、ファッションや美術、広告建築などの分野のデザイナーがデザインをしているときの思考のプロセスを、ほかのビジネスに応用して、前例のない問題や未知の課題を解決する方法を見つけ出すこと。現在、AppleやGoogle、サムスンなど、世界中の企業で実践されています。

デザイン思考には五つのステップがあります。

1. 観察、共感：ユーザーが何を求めているのか、ニーズを把握し、何が問題なのかを見つける
2. 定義：ユーザーのニーズや問題点を洗い出して、問題がどこにあるのかを定義づける
3. 概念化：仮説を立て、新しい解決方法となるアイデアを生み出す
4. 試作：試作品を作る、あるいは問題解決に取り組む
5. テスト：検証してさらなる解決策を目指す

これらのステップを経てアイデアを出して問題を解決しよう、ということです。

特別な手段ではなく、日本でもずっと行われてきたことだと思いますが、今はそれが機能しなくなっているのかもしれません。

２０１８年の12月、中国共産党は改革開放40周年を記念する式典で、中国の改革開放に

貢献した外国人10人を表彰しました。その中の一人が松下電器（現・パナソニック）の創業者松下幸之助氏でした。

1978年10月、日中平和友好条約を批准するために来日した鄧小平氏は、大阪の松下電器の工場を訪問し、松下氏と会談をしました。中国の近代化に貢献してくれるよう協力を求めた鄧小平氏に対して、松下氏は「できる限りのお手伝いをしたい」と約束したという有名なエピソードがあります。

その9年後の1987年、松下電器は北京市にブラウン管の合弁工場を設立し、現地でテレビの生産をスタートしました。

松下幸之助氏は経営の神様と呼ばれるくらいですから、やはりすごい人物だと思います。自分だけのオリジナルな発想があり、それをすぐに実践することで、一代で松下電器を世界的な企業に発展させました。

今の日本企業は、ほとんどそういう実践力がなくなって、まず自社にとってのリスクを考えます。デザイン思考なら、最初にユーザーのニーズや問題点を考えるステップがありますが、自社のリスクから考えてしまっているのです。二つ目のステップの「定義」も、「自社のリスクを抑えるためにどうすればいいのか」というステップになるのではないでしょうか。

それだと売れない製品やサービスが生み出されるのは当たり前。内向き思考になっているから、日本の家電メーカーは衰退していっているのです。

昔の日本企業は、デザイン思考を持っていたのではないでしょうか。ソニーのウォークマンなどの製品が爆発的に売れたのは、その象徴です。

デザイン思考がこの何十年間の間に失われてしまったのは残念ですが、今からでも取り戻せるはずです。

「ながら起業」はデザイン思考のトレーニングの場になるでしょう。本業ではデザイン思考を実践できなければ、自分のビジネスで実践すればいいのです。

ＡＩ時代に負けない人材になろう

人生１００年時代になったと、最近よく言われます。

今20代、30代の人も、50代の人も考えなければならないのは、やはりＡＩとの共存の仕方でしょう。もう今まで通りの働き方ができない時代になりつつあります。

数年前から、ＡＩに奪われる仕事、残る仕事という議論が活発になっています。

実際に、証券会社ではＡＩを導入して今までアナリストがやっていた分析をしていますし、コールセンターにＡＩを導入している銀行もあります。今まで人がいないとできないと思われていた仕事が、あっという間にＡＩに取って代わられているのです。

特に日本は少子高齢化が進んでいるので、ＡＩやロボットを労働力として使うしかないように感じます。

いずれ定型のプレゼン用の資料作成やマニュアル通りの営業、会計などの事務系の仕事はＡＩに任されるようになります。ある日突然、職場にＡＩが導入されて、「これから、事務仕事はＡＩに任せる」となるかもしれません。会社に尽くし、社長に気に入られていても、クビになるときはバッサリ切られる時代が来ると私は予想します。

ＡＩにはまだまだ問題が山積みですが、いずれ普通に人間とコミュニケーションを取れるようになるでしょう。

古いものが破壊される時代には、それと同じぐらい新たなチャンスが生まれます。

これからの時代はＡＩをツールとして使いこなせる人は残れるし、使いこなせない人は残れないのではないでしょうか。ＡＩに担えない分野に人間の出番があると自分で認識して実践できる人は、ＡＩと共存していけると思います。

例えば情報収集や分析に基づいて一時的な解決法を提示するのは、ＡＩが優れていますが、それこそ企業から閉塞感をなくすにはどうすればいいのかといった感情の問題の解決策は考えられないでしょう。

そういう提案力や問題解決力のある人なら、ＡＩに負けないのではないかと思います。変化に応じられる人はどんな時代になっても生き残っていけます。皆さんにも自身の能力を磨き、ＡＩに負けない人材になってほしいと思います。

もし、私が日本の総理大臣なら――「しがみつき国」からの脱却

本書の最後に、少し大きな話をさせてください。

もし、私が日本の総理大臣なら、まず、取り組みたいのは「アメリカへのしがみつき思考からの脱出」です。

日本は独立国ですが、実際にはアメリカの51番目の州と国内でも揶揄されるぐらいにアメリカの言いなりになっているように思います。

私が総理大臣だったら、自分の国のことは全部自分たちで決めたいと思います。アメリカの顔色をうかがいながら、政策を決めるようなことはしたくありません。経済も軍事も、アメリカの無茶な要求をすべて飲まなければならないなんて、あまりにも理不尽です。

アメリカの核の傘に守ってもらうのだとしがみついている限り、日本は本当の独立国ではありません。たとえ中国や韓国、北朝鮮になんと言われようと、重武装をしながら永世中立国を確立したスイスのような国になるのが理想的です。

何をするにしても、私は自分で考えて、こうしたいという意志を持ってやっていきたいと思っています。他人に言われたこと、例えば官僚に言われたことを何も考えずにそのまま実行するようなリーダーにはなりたくない。もちろん周りの意見は聞きますが、大きな意思決定は自分でしたいのです。

中国の場合は、一応独立を維持していると感じます。少なくともアメリカにはノーと言える立場を守っています。

中国とアメリカは同じ覇権主義なので、いろいろなところに摩擦は起きています。もともと西洋文化と東洋文化は全然違うので、価値観が違いますし、衝突しやすくなるでしょう。今、米中の貿易摩擦と言われていますが、実は大元にあるのは価値観の摩擦であり、文化の摩擦なのではないかと思います。

中国はＷＴＯ（World Trade Organization：世界貿易機関）に加盟していますが、いろいろなＷＴＯのルールを守っていません。そもそもＷＴＯのルールをつくったのはアメリカです。アメリカは、自分たちがつくったルールを、「加盟国の皆さんはちゃんと守ってね」と言っているわけです。それを中国は守りたくないと言っている。中国は中国のルールでやっていきたいのです。

ただ、中国はこの何十年間で経済がどんどん成長して、アメリカにとっては無視できない存在になっています。今まではアジアの国でアメリカにノーを言える国はほとんどありませんでしたが、中国は人口が多くて経済も発展しているからノーが言えるのです。中国人には、アメリカがつくった既存のルールには服従したくないという思いが根底にあるのです。

日本人は摩擦を嫌いますから、すぐに相手の言うことを聞いてしまうのかもしれません。私は、他国になんと言われようがもっとはっきり自分の意見を言えるようになったほうがいいのではないかと思います。それが、しがみつき国から抜け出す第一歩です。

もちろん、前にも述べましたが、日本人にはいいところがたくさんあります。私がずっと長く住みたい国は日本であり、それは間違いありません。おそらく、中国人の女性なら、ほぼ90%はそう答えるでしょう。ただ、仕事の環境としてはよくないところが多々あることは、本書で述べてきたとおりです。

それでも、私にとって日本人はとても付き合いやすい人々です。日本人は中国人と比べて、とても素直で純粋だし、裏表がないと感じます。考えは割とシンプルで、変な考えや癖のある人もあまりいません。

中国は共産党の一党独裁の国ですから、党の政策が変わると国民は対策を考えなければなりません。中国には、「上に政策があれば下に対策あり（上有政策、下有対策）」という言葉があります。国がどんな政策を取っても、国民は対抗する策を考えて抜け道を探す、という意味で使われます。

党の政策は、一つが終わったら次、また次と別のものが出てきます。そのたびに対応策を考えるわけですから、国民はいつも鍛えられています。それは厳しい環境の中で自分が生き残るために必要な能力です。そういう環境で生活していると、人間は複雑になります。平気でうそをつくのも自己保護の一つの手段です。

日本は、政治も経済も比較的安定しています。政府の政策も、中国のように極端なものは、めったにありません。日本は法律や条例に従っていれば、みんなが平和に過ごせる環境です。

このような政治安定、社会平和の中では実にビジネスのやりやすい環境といえるでしょう。

もしも、私が日本の総理大臣なら、こうした今の日本のいいところは残しつつ、変えるべきところを変えていくようにするでしょう。やはり、理想は中庸の道。「不卑不亢」という中国語がありますが、卑屈でもなく傲慢でもない、自分たちを誇らしく思うようになれば日本はもっと強い自立した国になり、閉塞感もなくなるはずです。

ただし、それは政治だけの問題ではなく、まず皆さん一人ひとりの意識を変えることが大切でしょう。そうすれば、日本全体が自然と変わっていくのではないかと思います。

私は現実的には総理大臣にはなれませんが、大勢の人が「ながら起業」とはいかないまでも自立をするようになれば、きっと将来への展望が明るくなって景気が良くなりいきいきと暮らせるようになると信じています。

それが私なりの日本を変えるちょっとした改革であり、幸せな人生を送るためのステップでもあります。

おわりに

私は中国で生まれ育ち、現在日本人の夫と日本で生活しています。両国の文化や習慣、考え方の違いをもっとも理解している一人だと思います。

残念ながら、今は日本と中国の関係は良好とは言えません。しかし、私は「国対国」と「個人対個人」はまったく違うものだと思っています。

どこの国にもいい人もいれば悪い人もいる。友好的な人もいれば排他的な人もいる。だから、「日本人だから」「中国人だから」とひとくくりにしないほうがいいと強く感じています。

日本人から見ると中国人は困った人たちという印象かもしれません。しかし、中国人のように会社に依存せず、人の目を気にしない生き方をすれば、もっと楽に自由に生きられるのは間違いありません。一方で、中国人も日本人を見習って、企業のマネジメントの仕方を模索しているのです。

個人レベルでの交流が増えれば、お互いにいい刺激を受けて高めあえるでしょう。「ながら起業」は日本だけでなく、中国を含めた全世界で通用する次世代の働き方であると確信しています。

この原稿を執筆している最中に、トヨタ自動車の豊田章男社長が「終身雇用は難しい」と発言したのが話題になりました。さらに、経団連や経済同友会の幹部からも相次いで「終身雇用は制度疲労を起こしている」という声が上がりました。

いよいよ、正社員でも簡単にクビを切られる時代が近づいてきたのだと思います。誰でも「明日から来なくていいよ」と言われる可能性があるのです。

そんな時代の流れに飲まれないようにするには、やはりいち早くしがみつき社員から脱して、自分で稼ぐ手段を持っておくしかないでしょう。今から小さくでも「ながら起業」を始めておくと、雇用環境がどのように変わっても自分の生活を守れます。

皆さんの中には、本当は会社を辞めたいと思っていても、家族を養わなくてはならなかったり、転職したら今より年収が下がるといった理由でためらっている方がいるでしょう。そういう場合でも、「ながら起業」で別の収入源があれば会社を辞める決断をする後押しになります。嫌々働くことから解放されるだけでも、大きな働き方改革になるのではないでしょうか。

私が夫と共に「ながら起業」を始めて8年目になります。ここまで続けてきて感じるのは、「ながら起業」から得られるのはお金だけではないということです。

何が起きても備えがあるという余裕や安心感、自分でも事業を切り盛りできるのだという自信、常に新たなことにチャレンジする好奇心。そういった目に見えない財産をたくさん手に入れられるのが何よりの価値なのだと実感しています。

豊かな人生を送りたいと、誰もが願っているでしょう。その豊かな人生は待っていて手に入れられるものではなく、自分でつくりあげていかなくてはならないのだと、私は思います。その豊かさの量や質を決めるのは、自分自身なのです。

「資金が貯まってから始めよう」「時間ができたらやってみよう」「いいアイデアを思いついたらスタートしよう」などと、いろいろ理由をつけて先延ばしにせず、今すぐに何か行動を起こしてみてください。
何か行動を起こせば、そのときから自分の人生もきっと変わります。

2019年7月吉日

小野　りつ子

小野 りつ子（おの りつこ）

電気機器業種大手一部上場企業でグローバル事業シニアマネージャーを務め、中国子会社の買収や海外会社のM&A、事業提携等の業務をこなしつつ、夫が起業したインダストロン株式会社のコンサルタントを務める。1994年に中国北京大学を卒業後、中国郵政省国家公務員として、全国ネットワークバンキングプロジェクト（現・銀聯カードのシステム基盤）に参画。来日後は住友金属、デロイトトーマツコンサルティング他において、オープン系システムの構築、日系企業の海外進出ビジネスコンサルティングに携わる。2010年には当時所属会社のグローバルビジネス推進への貢献により全社特別賞を受賞した。会社で安定的な収入を得ながら起業で戦略的なキャリアを構築するという自らの働き方を「ながら起業」と命名。自由度の高い次世代の働き方として、提唱と普及に努めている。

ながら起業

明日クビになっても大丈夫な働き方

二〇一九年八月二日 第一刷発行

著 者 小野りつ子

発行人 久保田貴幸

発行元 株式会社 幻冬舎メディアコンサルティング
〒一五一-〇〇五一 東京都渋谷区千駄ヶ谷四-九-七
電話 〇三-五四一一-六四四〇（編集）

発売元 株式会社 幻冬舎
〒一五一-〇〇五一 東京都渋谷区千駄ヶ谷四-九-七
電話 〇三-五四一一-六二二二（営業）

印刷・製本 シナノ書籍印刷株式会社

装 丁 三浦文我

検印廃止

Printed in Japan ISBN978-4-344-92342-3 C0095

幻冬舎メディアコンサルティングHP http://www.gentosha-mc.com/